心を耕す剣道

小林英雄対談集

小林英雄

心を耕す剣道　小林英雄対談集／目次

品位・風格は求める稽古の積み重ねで身につく

◆対談のお相手――

倉澤照彦

くらさわ・てるひこ／大正十二年長野県長野市生まれ。更級農学校、日本体育専門学校卒。兵役、前橋陸軍予備士官学校卒。後、石川県金沢市東部第七十五部隊砲兵隊転属。終戦で復員。戦後は神奈川工業高、向の岡工業高に勤務する。神奈川県剣道連盟会長、全日本剣道道場連盟専務理事、全日本剣道連盟常任理事・審議員、旧文部省高等学校教員（剣道）検定試験専門委員などを歴任。現在、日本体育大学剣道師範、同剣友会名誉会長。剣道範士九段。趣味は刀剣鑑賞。

当時は十五人の審査員　いまは九人の八段審査

小林　五月一日、二日に剣道八段審査が終わりました。初日は五人、二日目は八人が合格。あいかわらず狭き門でした。

倉澤　でも、年二回の審査でしょ。われわれの時代は年一回、小林さんの時代もそうだったと記憶しているけど。

小林　そうです。年一回でした。昔に比べて、八段が変わった、八段戦が変わったなどと耳にすることがあります。率直にうかがいますが、そのあたりはどうお感じですか？

倉澤　審査のやり方の違いは合格者に影響を与えると思いますよ。わたしが合格させていただいたのは昭和四十八年だけど、当時の八段審査は十五人の審査員のうち十二人の同意で合格だった。二次も同じです。

小林　十五人……。いまは一次審査が六人、二次審査が九人。難しさには変わりないかもしれませんが、その人数に圧倒されますね。

倉澤　なんせ大先生方十五人ですからね。京都武徳殿にならばれた先生方から後光がさしていましたよ。あまり「昔は……」みたいなことをいうのは好きじゃないけど、この審査を通ったという自負はある。

小林　そうでしょう。なにが、とは具体的にはいえませんが、なにかが変わっていると感じるのはそのあたりにあるのかもしれません。今回のテーマは「剣道の品格」ですが、品格にも影響しているのでしょうか。

倉澤　どうかな……。ただ基準は変わってきていると思わざるを得ない。誤解をおそれずに申し上げるとすれば単に打った、打たれたという有利・不利の歩合のようなものが大部分を占めるようになってはしないでしょうか。過去の話ですが、俗にいう挨拶もろくにできない高段者に対し、こちらから「ごくろうさま、おつかれさま」と声をかけるようにしていました。だんだん挨拶ができるようになったけれど、審査で内面までみるのは本当に難易なことです。

小林　それは困った経験でした。やはり人間形成の道を謳うからには品格・風格・品位などということもとくに高段者は意識しないといけませんね。

倉澤　いやいや、わたしなんかもお恥ずかしい話ですが、そんなことを意識しはじめたのは四〇歳も半ばを過ぎて審査員などをするようになってからなんです。

小林　え？　四〇歳ですか。わたしなどその頃は品格という言葉すら知らなかったですよ。

倉澤　そんなことはないでしょう（笑）。いまでも「自分の風格、品位はなんだ」と、その難しさを覚えています。一般的に加齢とともに段位もだんだんと上がり、審査に挑戦していくわけですが、高段位になるほどに「品だ、格だ、位だ」と耳にするようになります。全剣連の『剣道称号・段位審査実施要領』の着眼点にも「理合」「風格・品位」ということが六段・七段・八段審査に記されています。

小林　おさらいの意味もふくめてお聞きしたいのですが、そもそも剣道にはなぜ「品格」が必要なのでしょうか。

倉澤 うん、わたしもあまりに「品だ、格だ、位だ」というので考えて整理したことがあります。よくいわれていることだけど、剣道は外的には闘争であり、相手と対立して勝つことを目的とし、日々修錬している。これはまぎれもない事実。だから一般の人や剣道に理解のない人びとから見ればまず人がいちばん嫌がる頭を叩き、咽喉を突き上げる行為に嫌悪感を覚える。

小林 まさに暴力的行為ですね（笑）。

倉澤 だから感情や衝動にまかせての打突がときに暴力まがいに移りやすくなるけど、その態度や精神は決して本来の姿ではない。常に感謝の気持ちが必要なんです。つまり、剣道は相手がいないとできないし、自分も上達しない。稽古相手に対しては「親愛の情」「尊敬の態度」がなければ剣道とはいえないのです。

小林 わたしは〝交剣知愛〟という言葉が好きなのですが、根底には相手を尊敬する気持ち、感謝の気持ちがありますね。

倉澤 結局、品格・品位というのは人の心の表れでしょ。人の心をのぞくことはできないけれど、品格・品位はその人にそなわる秀でた感じのさまですから……。「あの人は品がある」といったとき、尊敬の念が入っていないことはないでしょう。

剣道重点項目と品格　強さと品格は矛盾しない

小林　わたしは品がよくなるということは人間としてできあがってくるということだと思います。道をきわめた人はどこか侵しがたく、近寄りがたいものを感じます。でも、それでいてやさしい一面もある……。剣道で品格をつくっていくならば、稽古のあり方にかかわってくると思うんです。

倉澤　剣道は稽古、稽古なしには成立しない。その積み重ねが人格形成にもかかわっていることは間違いないでしょう。

小林　だから稽古の心がけ次第であるべき方向にも進むし、ちょっと違うのでは……という方向にいってしまうこともある。剣道の重点項目をお聞きすることが、品位ある剣道、品格ある剣道を形成するポイントと重なってくると思います。まずはずばり、攻めについてはどのようにお考えですか？

倉澤　攻めはうんと勉強しなければならない。攻められたら攻め返すという覚悟がないと稽古の質は上がらないでしょう。とくに若い年代は剣先の働きが重要。剣先が生きているか、死んでいるかで攻めは大きく変わる。攻めにも外見上、動と静がある。若いときには動であり、だんだん高段になるとうちに秘めた静となります。その意味で、全剣連設立五十周年記念の八段戦準々決勝で小林先生がみせた立合は見事でした。

小林　いやいやお恥ずかしい限りです。それはさておき、つまり相手が怖いと思う剣先をつくることですね。

倉澤　そうそう。構えと関連もするけれど腰が抜けていたり、腹の力が抜けていたりしては、剣先は生きてこない。静止した状態ではできていても、いざ間合を詰めたり、剣先のやりとりをしたりすると膝が曲がったり、腕に必要以上の力が入ったりする。こうなったらもう生きた剣先とはいえないですね。

小林　剣道は相手がいるし、虚実はめまぐるしく変化している。そこが難しく、また魅力でもあります。

倉澤　乗って勝てという教えがあるけれど、攻めようと思ったとき、意外と左膝が曲がりすぎているんですよ。曲がりすぎていると、一度戻してから打たなければならないから、その分、遅れます。剣先が下がっていても乗っている状態があると思いますが、これは左膝の使い方と大きく関わっている。

小林　剣道は有声から無声になっていきますが、気勢についてはいかがですか？　まだまだ声が出る人たちの元気がないように感じることがあります。

倉澤　気勢とは、要は迫力でしょ。相手より大きな声を出すというのはだれでもできそうだけど、意外とできていない。審査でも試合でも第一声が充実しているとそれだけで有利にみえるものです。

小林　声の出し方にもコツがありますね。

倉澤　腹に力を入れ、胸から発声しないこと。構えが崩れるとどうしても呼吸は腹式ではなく、胸式になるからやはり構えに細心の注意を払いたいですね。気勢と迫力は非常に関係が深い。最後は

呼吸法をしっかり勉強せよということになると思うけど、若いうちは常に先をかけ、腹から圧倒する声を出すということでいいのではないかな。

小林　苦しくなるとどうしても呼吸が浅くなります。

倉澤　切り返し、かかり稽古をうんとやれというのは呼吸法とのかねあいです。呼吸の基礎的なことですが、吸ったときは打てず、吐く、止めたときは打てます。上下振りなどに始まって、切り返しをおこなうと剣道で身につけるべき呼吸法が自然に体得できる。その手段が切り返しともいえます。もちろん切り返しには姿勢がよくなる、技が烈しくなる、打ちが強くなる、肩関節が柔軟になるなど、その効用はたくさんあります。高段位になればなるほど立合のやりとりは、臨機応変、一瞬、咄嗟の打ちも高度となり、腹式と胸式を上手に使い分けていかなければなりません。

小林　充実した攻めから隙をつくり、打突へと移行していくわけですが、打突と品格についてはいかがでしょうか。

倉澤　つまるところ技を出すまで、どこまで真剣になりきれているかということでしょう。攻め合いから真剣に機会を見極め、ここというところで技を出す。数打ち、無駄打ち、無理打ちはもちろん技術の未熟さもあるかもしれないけど、それらの原因は真剣さの不足にある。修行の方向性としては、そうとらえることが大切ではないかな。とても難しいけれど、そこを求めてやるようにしています。

小林　わたしもどちらかというと技数は少ないほうですが、真剣ということを意識するとそう簡単に技は出せなくなってきます。

倉澤　だから普段の稽古が大切になってくるんです。気を抜いた稽古をしていたら機会を打つことはできない。だれが相手でも真剣に対峙し、機会と感じたら打つ。これは素振り一本、打ち込み一本、切り返し一本から心がけるべきです。とくに、われわれ指導者がやってみせることでしょうね。打つ機会はこうです、稽古法はこうですと口で教えてもわからない。われわれ指導者が機会に応じて打つ、それが機会を覚えることになるのですから……。それが稽古であり、この稽古の積み重ねが品位・風格につながっていくのではないかなあ。

こんな稽古は品位がない　気をつけておきたいこと

小林　稽古のあり方をうかがいましたが、日頃、どのような気持ちで取り組むかがなにはさておき大切ですね。そのあたりをもう少し、お聞かせ願えますか。

倉澤　まずは礼法から申しますと、互いに対峙し、向き合ってから始礼、蹲踞、立合に入りますが、ここにいたるまでの諸動作にはたしてどれだけ気を配っているでしょうか。今回のテーマは剣道の品格ですので、とくに注意すべき問題ではないかと思い、あえてここから提起してみました。

小林　反省もふくめていうと蹲踞もおざなりになりがちですね。

倉澤　気を合わせて一挙手一投足をおこなうことがもっとも大切で、そこに侵しがたいところの風格、品位が養われると考えます。

小林　なるほど。倉澤先生も経験がおありだと思うのですが、後味がよい稽古と悪い稽古というものがございませんでしょうか。打たれても爽快なときがあるし、反対に打てたとしてもなんとなく後味が悪いときもある。

倉澤　要は人間性を疑われる心貧しい稽古はするな、ということに尽きると思います。では具体的になにかというと、まずは後打ちでしょう。有効打突を打たれた場合、意識無意識を問わず、気をつけていないと後打ちをしてしまうものです。

小林　近間での手打ちも見苦しいですね。

倉澤　そうそう、無理打ち、無駄打ち、また数多くの軽い打ちは重厚面から見ても大変なマイナスだね。

小林　引き上げについてはどうですか。

倉澤　止むを得ない場合のほかは最低限にしておくべきでしょう。迫力、迫真性が欠けてしまいます。それには縁を切らない稽古を習慣化したいものです。

小林　打突後、いつまでも腕を伸ばしたり、体を押しつけている動作も見苦しいですね。

倉澤　くどい動作に見えますからね。有効打突のときにも駄目押しのごとき執拗な行為は必要ありません。

小林　話は少し変わりますが、最近、稽古というとすべて互格稽古になっています。そのことについてはいかがでしょうか。

倉澤　高校、大学、一般の三段、四段、五段くらいの者が段違いの先生方に互格とばかりに挑んでいますが、かかる、先を取るという中味がわかっていませんね。

小林　わたしも同感です。

倉澤　子ども、初心者、低段位者は常にかかり稽古の延長で稽古を願うべきです。四段、五段でもかかりの稽古を主体とし、常に先をかける稽古が大切です。さらに六段になっても元立ちから先に打たれ、引いて打つ、待って打つ、返して打つなどする場面が散見されますが、これも評価できません。

小林　元立ちから先に打たれることは恥だと思います。

倉澤　七段になっても前半はかかりの稽古をめざし、ときに応じ技などの使い分けた打突を心がけたいものです。われわれがかかりの稽古を願っていた頃は、元立ちの「はい、三本」でやっと互格稽古でした。それを考えると、いまは稽古そのものが崩れているのかもしれません。

剣道八段の修行　わたしが心がけてきたこと

小林　いろいろお話をおうかがいしてきましたが、最後に八段合格からの修行談をお聞かせください。九段に昇段されるまで二十四年の修行期間がございました。

倉澤　数々の先生方から教えていただきましたが、八段からの修行といえば、佐藤貞雄先生（範士九段）との稽古が思い出されます。わずか六年ですが、五十四歳から稽古を願えたことが大きな財産になりました。佐藤先生の稽古について、失礼ながら申し上げるとすれば、ひとつは巌《いわを》の剣、もうひとつは慈の剣です。巌の剣とは「そんな打ちでは駄目です」と打たせない。逆に「かく打つのです」という厳しさ……。慈の剣とは「なかなかよい打ちです」と口ではなく、よい打ちはなにげなく上手に引き出すいつくしみです。先生とのお稽古でそれを教えていただきました。

小林　稽古日誌も欠かされなかったようですね。

倉澤　「手ごたえ」「通じた」「当たった」「打てた」などはすべて自己判断で、わたしのうぬぼれやエゴで書いたものだけど、記録にとっておくということは反省する上で大いに役立ちました。

小林　稽古の最後にはつとめて切り返し、かかり稽古をお願いされています。

倉澤　やはり稽古をお願いするわけですから互格ではない。攻め、間合、機会、打突などに注意したかかりの稽古です。であれば最後は打ち込み、切り返しをお願いするのが本来の稽古でした。

小林　常に求める気持ちを持続されていたわけですね。

倉澤　剣道は人間形成の道と理念で定義していますが、ひとつ上をめざすという具体的な目標があったから五〇歳を過ぎても無我夢中で稽古に取り組むことができました。

小林　なるほどですね。

倉澤　いまは範士の審査がきびしくなりましたよね。ここがひとつの目標になっているのかもしれませんが、はやい人は六〇歳前で授与されます。剣道は稽古すること自体が目標で、それにとらわれず稽古をする、という考え方は理解できますが、われわれは神様ではないですよ。

小林　かつて倉澤先生は世阿弥の名著『風姿花伝』を参考に修行のあり方をまとめていますね。

倉澤　現代の平均寿命と当時ではまったく違うので同じとはいえませんが、六〇歳から七〇歳を技能の円熟期ととらえました。ここまでやって本来の品位・風格がついてくるのではないかと……。もちろん六段・七段・八段審査の着眼点に「風格・品位」が明記されていますので、それを求めて稽古されていることは間違いないでしょう。ただ、わたしの経験から申し上げるとすれば、ここで合格しても満足せず、さらにコツコツと修行を続けていったとき、本物の剣道がそなわってくるような気がしてなりません。わたしもまだ修行の途中、日々、工夫・研究を続けていきたいと思います。

（平成二十年四月二十一日）

面の極意は、身体全体で乗っていき、相手の構えを割って打ち抜く

◆対談のお相手――

寺地種寿

てらち・たねとし／昭和三十五年鹿児島県阿久根市生まれ。鹿児島商工高から法政大に進み、卒業後、警視庁に奉職する。全日本選手権大会出場九回、世界大会団体優勝、全国警察官大会団体・個人優勝など。現在、警視庁剣道師範、東京大学剣道部師範。剣道教士八段。

左拳が出すぎると大きく強く打てない

小林 いきなりですが、切り返しの面打ち、基本の打ち込みの面打ちなどは「大強速軽」の教えのように大きく強く、さらに速く軽妙に打つことが求められると思います。寺地先生のレベルになればそれこそ自然に、無意識のうちに打っていると思うけれど、とくに注意していることなどありますか。

寺地 わたしは左拳の位置ですね。竹刀を振りかぶったとき、左拳が前額部の上にくるようにしています。肩を使い、構えたままの状態で竹刀を振りかぶるのが基本です。これが前に出すぎると左手の小指、薬指がゆるみ、充分な打ちができません。

小林 打つとき、身体が前に出るので、それに引っ張られるように左手も出てしまうのでしょう。これはクセになっている人が少なくない。

寺地 左拳が前に出すぎると、打突がこうなるので（左拳が上がりすぎ、振りかぶった剣先が下を向く）、しっかりと打てません。肘は広がらず、狭まらず、肩関節を使って打突に威力をつくるようにしています。

小林 そうそう、肩が中心。最近、肩甲骨という言葉を使うけれど、僕は肩甲骨を意識したことは一度もない。

寺地 速く打とうとするとどうしても手が先に出てしまいますね。とくに小さく打つ場合は前傾姿勢になってしまいます。ただし、技はなにを打つにしてもある程度スピードが必要です。そこで肩の力を抜いて、物打ちで打突部位をとらえるということが大切になると思うのですが、いかがですか。

小林　肩の力を抜くのは難しいよね。僕もよく「肩の力を抜いて」とアドバイスするのだけど、そうすると抜いてはいけないところまで抜いてしまう。

寺地　そうですね。力の入れ具合は数値であらわせませんから……。

小林　左拳の作用のほか、注意していることはありますか。たとえば竹刀の軌道はどうだろう。

寺地　面金の中心線を、切っ先でなぞるような気持ちで打っています。大きく振りかぶるときはとくにここをなぞるようにしています。そうすると左手・左腰・左足が安定し、スムースな面打ちになるはずです。

小林　小さく打つ場合は？

寺地　小さく打つときも同じです。振り上げる幅が短くなるだけです。その分、打突の強度を維持するために足腰の連動が大きく打つときよりも大事になってきます。大きく打つときは振り上げに時間があるから比較的、足腰の連動がスムースにいきやすい。でも、小さく打つときはどうしても速く届かせたいと思うので、連動がむずかしくなります。手が先にいってしまう。

小林　僕は「小さく打て」とは教わらなかったです。「手の内で打ちなさい」と指導され、掌中の作用でポンと打つことをくり返した。

寺地　ようするに当てるのではなく、打つということですね。振り幅が小さくてもしっかりと打突部位をとらえなければなりません。

小林　そうそう、だから打つ前の構えが重要になると思う。

寺地　構えた時点で剣先が高くなっているとだめでしょうね。自分の竹刀の刃部がみえていたら振りが小さくなるし、充分に振って打つことはできません。小手を打たれる危険性はありますが、やはり体中線をなぞるように打つことを心がけるべきだと思います。剣先が高いと竹刀を置きにいくような軌道になるので、打突部位をとらえたとしても、響くものが少ないですよね。

小林　速く打とうという焦りがすべてをこわしているのかもしれないね。間合が詰まってくると同時に手元が上がってくる人がいるけど、これも「速く技を出さなければ……」という焦りが引き起こしているものです。攻防のやりとりはあるにせよ、剣先の位置は極力変わらないようにし、機会と思ったところにパッと打って出る。基本打ちの段階からそのような意識をもったほうがいいのかもしれません。

寺地　そうですね。剣先が上がるということは、打突準備が整っていないことにもなります。充分に準備しても打てないのが剣道ですので、やはり小手先ではなく、足腰で打つことが大切になるのではないでしょうか。

攻め口はすべて同じ　きめは手首の作用でつくる

小林　いわゆる打ち込み稽古のときは、元立ちが打突部位をあけてくれますが、当然、実戦ではあけてくれません。相手も有効打突を決めたい、こちらも決めたいという局面で、いかに自分の描いた一本を打つかということになると思います。相手が部位をあけていてくれてもなかなか理想の一本は打てませんが、触刃の間合から交刃の間合、さらに打ち間に入っていくときの攻防で注意していることを教えてください。

寺地　剣道の一本は、気がついたときに決まっていたというのが本当の技です。そんな一本は年に何本も打てるものではありませんが、打ち間に入るまでは自分の気の強さや位で相手をくじく、その気分は大切にしています。気分が同じであれば竹刀を払う、押さえるといった作業が必要になります。自分が打てる状態でいかに入っていくかだと思うのですが、自分が打てる状態というのは、相手から見れば打つ隙がある状態ですから、それを察知する能力も必要になります。

小林　過去の記事を読ませてもらうと、同じ攻めから打つことを心がけているようですね。

寺地　そうです。自分が打てる構えで入り、その攻めに相手が反応し、思わず出てくれれば出ばな面、もしくは返し胴、面を警戒し手元を上げれば小手という選択になるでしょう。まあ、実戦ではそんなにうまくいきませんが……。

小林　やはり同じ攻め口のほうが崩しやすいですか？

寺地　上下に使い分けることも研究してみました。たとえば下をあおるように攻め、手元を浮かせ、パッと小手を打つような攻めです。警視庁にはそこを得意としている先生方もたくさんいらっしゃるので、その技を稽古してみたのですが、なかなかうまくいきませんでした。

小林　下からパッと打つ小手、試合では有効ですよね。

寺地　結局、わたしは上からしか打てなかったので、面も小手も捨てきって打つしかない。そう考えるようになりました。変化にパッと対応するのではなく、こちらが攻めて攻めて、その崩れたところを一気に打ち抜くようなイメージです。

小林　その打ち切るまでに相当な仕事があるのでしょう。おそらくかなりの確率で大丈夫というところで打っているのだと思います。雑誌でよく打ち方、攻め方が紹介されるけれど、真似が絶対にできないのは、その仕事にある。基本打ちでできても本番でできないのは、そのあたりに理由があると思うのですが、いかがですか？

寺地　剣道の基本というのは、いままできたからずっとできるというものではないと思うのです。加齢とともに体力も変わりますし、剣道自体も変化してくる。それに対応した基本ができていないといけないと思います。だから、常に自分は基本ができているのかという自問自答は必要と考えています。本番でできない理由のひとつはここではないでしょうか。

小林　なるほど。

寺地　もちろん相手と対峙したとき、「打たれたくない」という気持ちが働いていることも大きな要因のひとつだと思います。人間は「こわい」と思うと硬くなります。反対に「打たれてもいいんだ」という気持ちになれれば、気分も柔軟になり、その結果、迷いのない面が打てると考えています。

小林　このとき、手首と肘の使い方はどうですか？　無意識だと思うけれど、あえて言葉で説明するとすれば。

寺地　手首は最後ですよね。打突の瞬間に入れるようにしています。肘と手首が同じ動きだと、打つのではなく、叩くような軌道になります。これでは冴えのある技は打てません。肘関節と手首を連動させ、柔らかく打つようにしています。言葉にするとこのような感じでしょうか。

小林　そうですね、わたしも同じイメージを持っています。

寺地　肘と手首を柔らかく使うことができれば、相手が同じように出てきたときでも打ち勝つことができます。切り落とすような打ちです。これは肘と手首の連動がうまくいっていないとできません。

小林　そうすると竹刀の握りの問題に戻りますね。いわゆる打ち手でなければ充分な一本は出せない。

寺地　そう思いますね。しかも、構えたときではなく、動いているときにそれができていないといけないし、少しでも気持ちに焦りや迷いが生まれると握りが狂うからやっかいです。

八段審査で生きた面　打ちたいでは打てなかった

小林　寺地先生は昨年十一月に八段に昇段しています。剣道八段といえば専門家にとっても狭き門ですが、審査に向けて取り組まれたこと、アドバイスを受けたことなどあれば教えてください。

寺地　日本武道館の合同稽古で佐藤博信先生（警視庁名誉師範）にお願いしました。稽古のあとご挨拶にうかがうと「横からきている」と一言。当然、まっすぐに打っているつもりでしたので驚きました。知らず知らずのうちに「速く打ってやろう」という気持ちになっていたのでしょう。

小林　左手の作用がわずかにおかしかったのかな。

寺地　少し遊んでいたのかもしれません。それが佐藤先生にはお目通しだったようです。

小林　右利きの人が多いから、打とうという気持ちが強いとどうしても右手が強くなりますよね。本来、打つときの力の配分は左右均等だけど、意識としては左手が強いくらいがちょうどいいのかもしれません。左手を意識して打つと、打突に伸びが加わります。

寺地　確かに右手が勝っているときはブレーキがかかりますね。打ったとき、左腰が残って半身になります。

小林　僕はよく右手を意識した打突と左手を意識した打突を両方、稽古でやるようにしているんです。そうするとあきらかに左手を意識したときのほうが、技がスムースになります。

寺地　そういう確かめ方があるんですね。今度やってみます。

小林　それはそうと審査では打つべき機会に技を出さないと審査員に響かないですよね。気持ちの問題が大きく作用するはずです。

寺地　わたしは気が強すぎるんですね。とにかく合格する前までは「打ってやろう」「負かしてやろう」という気持ちが強すぎました。それを表に出すのではなく、お腹にその気持ちを入れるようにするとなぜか肩の力が抜けました。

小林　抜いていい力がうまく抜けた。

寺地　警視庁の稽古でも技が軽く出るようになりました。呼吸との兼ね合いもあったのかもしれませんが、全体的に身体が軽くなりました。

小林　打つべきところで技が出たのでしょうね。やはり面が無理なく打てた人が合格しています。反対にそれが打てないと合格がむずかしいともいえますね。

寺地　無駄な力が入っていると反応が遅くなるし、技がぎこちなくなります。

小林　ある種、開き直りも必要ですね。

寺地　合格させていただいた前年、わたしは二次審査までいきました。そのときは「絶対に合格する、合格するしかない」という気持ちしかありませんでした。その状態で立合に臨み、相手の想定外の動きに頭が真っ白になりました。打突は中途半端になるし、なにをしてもだめ。こんな経験ははじめてでした。

小林　僕もありますよ。七段審査で失敗したのだけど、やっているときに「もうだめだ」と……。集中力が切れているから余計なこと考えちゃうんだよね。

寺地　いい意味で、今回は開き直ることができたのかもしれません。
小林　おそらくいいかたちで主導権が取れていたのでしょうね。
寺地　以前は主導権を取ったら絶対に譲らないという感じでした。だから出させて打つという技はほとんどありませんでした。
小林　それが今回はその主導権を意図的にゆずることができた。
寺地　そんな完璧なものではないと思いますが、張っていた気持ちをゆるめることができました。以前は、ゆるめると打たれるという気持ちがあったのですが、それがなくなっていました。
小林　危ないと思うと打てないですからね。その微妙なかけひきで打突の機会が生まれたのかもしれませんね。

面は奥の院　竹刀を乗せて割る

小林　寺地先生のクラスになれば実戦で打ったときのイメージをいくつもお持ちだと思うけれど、面に関してはいかがですか。
寺地　身体全体で乗っていく感じですね。竹刀に自分の力をすべて預け、その重力とともに相手の構えを割って打ち抜くようなイメージを大事にしています。
小林　乗るというのは剣道の極意ですけれど、ぼくは段階的な「乗る」が存在すると思っています。そのポイントとして構え・目付・足・体勢・気持ちの五つがあると思うのですが、構えた時点でもう乗るのは無理という欠点がある人もいますね。

寺地　体型との兼ね合いもあると思うのですが、やはり打てる構えは共通項があると思います。「一眼二足三胆四力」という教えがあるように目付は大事だし、わたしはとくに足が重要と位置づけています。

小林　打突は腰始動ですからね。手からいくと相手にも気づかれやすいし、攻めにならない。最近、踏み込みの弱さも気になるけど、そのあたりはどうですか。

寺地　確かにひ弱さを感じることもあります。自分から攻めて崩して打つというより、相手に合わせていくような技が散見するようになったのと関連しているかもしれません。

小林　踏み込む力が強いということは踏み切る力も強いということ。さらにいえば上半身の力もほどよく抜けていないとこれはできません。

寺地　上半身がガチガチで力強く踏み込むことはできませんね。

小林　ぼくは足の甲に力を入れるとよいと教わったけど、こうすると相手がよく見えるようになります。そこで攻め勝つことができると、自分の間合で技を出せるのですが、注意していることとかありますか。

寺地　実戦では無意識ですからね。言葉にはあらわしにくいですが、心のやりとりがあると思います。偶然の打ちというものが加齢とともに通用しなくなってきます。必然の一本、意味のある一本を打つことが求められると思うのですが、剣先の攻防で相手を制し、そこから生まれた隙に乗じて打つしかないのではないでしょうか。

小林　そこには表を取ったり、裏を取ったり、はたまた押さえたり……。いろいろな仕込みがありますね。押さえる、払うというと大きな動作がイメージされがちですが、相手にも気づかれないようなわずかな作業こそが、効果的です。

寺地　おそらくビデオでは確認できないような微妙なところでしょう。

小林　表裏の使い方にも工夫が必要ですね。単に竹刀を裏表にまわすということではない。

寺地　打突の機会と同様、いつ取るかということが重要です。表が強い人は表を攻めると押さえ込んできますが、毎回、そのように反応するわけではない。そうさせるまでの運び方があると思います。

小林　実際に打たなくても気持ちで乗っていく気分が維持できると展開が変わっていきます。相手を圧迫することにつながっていく。そこから相手の崩れを察知して、技につなげていくわけですが、面が奥の院といわれるのは、打突部位でもっとも高いところにあるし、遠いところにあるからでしょう。そこを打つから価値が高い。

寺地　すごい面とはいいますが、すごい小手とはあまりいいません。

小林　やはりすごい面をみな打ちたいですよね。それにはある程度、反復稽古が必要です。わたしは愛好家の方がもう少し素振りや打ち込みを増やせば格段によくなると感じています。

寺地　たとえば素振りでも一拍子でくり返すのはけっこうむずかしい。十本できたのを二十本、次は三十本と課題を自分に与えていけばよい結果がついてくると思います。百本連続でできるようになれば自得したといえます。

小林　それが一拍子の見事な一本につながるわけですね。ところで、寺地先生は相手と対峙した際、打つ前から成功する一本がわかるでしょう？

寺地　わかりますね。その代わり、だめなときもわかります（笑）。いいときは入ったときに打つ体勢がつくれているので、あとは打つだけという状態になっています。

小林　本当の技というのはそういうものですよね。

（平成二十年五月二十九日）

小野派一刀流とキリスト教
時代に即応できてこそ古流剣術の価値がある

◆対談のお相手――

笹森建美

ささもり・たけみ／昭和八年青森県弘前市生まれ。早稲田大学哲学科・青山学院キリスト教学科卒。米国デューク大学大学院神学部・ハートフォード神学校卒。現在、小野派一刀流第十七代宗家、日本基督教団駒場エデン教会牧師、日本古武道協会常任理事、警察大学術科講師など。

まずは形から修行　そこから竹刀稽古に入った

小林　笹森先生にお目にかかる前に一刀流の系譜を拝見しました。近代剣道の父といわれた高野佐三郎先生、大日本武徳会武道専門学校の内藤高治先生など剣道の歴史をつくった先生方の名前がたくさん載っています。これを拝見するだけでも剣道は一刀流が源流ということがわかります。

笹森　坂本龍馬、桂小五郎も一刀流ですし、鬼平こと長谷川平蔵も一刀流です。まあ、鬼平は架空の人物ですが、歴史上の人物で一刀流を学んだ人はかなりいます。ただ、吉川英治の『宮本武蔵』以来、強いけれど負ける役割をさせられています。割の合わない役割なんです（笑）。

小林　そんなことはないしょう。それはさておき、剣道人もたくさん先生のもとに通っていらっしゃる小野派一刀流ですが、どんな理由から入門される方が多いですか。

笹森　大きく別けて二つですね。ひとつは剣道が強くなりたい人、もうひとつは現状を乗り越えたい人ですね。

小林　やはり強くなりたい……。おもしろいですね。

笹森　源流を学びたいという気持ちがあるようです。実際、一刀流を習ってから恐さがなくなったという方もいました。間合が明るくなったのか、恐さがなくなり、安心して打っていけるようになったそうです。

小林　なるほど。初歩的な質問で申し訳ないのですが、一刀流の修行過程はどのようなものなのでしょうか。

笹森　まずは構えから覚えていただきます。一刀流は上段、下段、正眼、本覚などたくさんの構えがあります。稽古では毎回、構えに充分な時間をかけます。

小林　現代剣道では構えにそれほどかけていないですね。せいぜい鏡で矯正する程度です。

笹森　構えができていないと素振りも切り落としもできないのです。同じ正眼でも押し出す構え、引き込む構え、いくつかの種類がございます。簡単にいえば一刀流では足を出して構えなさいと教えます。足を出して構えれば攻める構え、足を引いて構えれば引き込む構えです。

小林　これだけ内容が濃ければ構えを充分に勉強しなければいけませんね。

笹森　そこから形の稽古に入っていくわけです。ただ、一刀流の稽古も時代に合わせて変遷してきているんです。最初というのは小野次郎右衛門の頃ですが、真剣を使い、寸止めで稽古していましたが、どうしても相手を切ってしまったり、あるいは命を奪ってしまったりすることがあり、刃引きというものが考案されました。

小林　さらに木刀が考案された。

笹森　そうです。刃引きといえども日本刀ですので止めそこなうと切れてしまう。だから木刀を用いました。その後、鬼籠手が発案され、本当は面を打つ、突きをするところに象徴的に鬼籠手を打つようになりました。実践味を出すのに袋撓が用いられましたが、さらにまだ充分ではないということで、一刀流の中西派においては四割の竹刀を使って試合稽古をしようということになりました。

小林　現代剣道の原型ですね。

笹森　これはよほどおもしろかったのでしょう。本来、形を修行し、形があるところまで上達してきたら竹刀で教えるというやり方が本来の指導法でしたが、形稽古自身をやらなくなっていったんです。「形なし」という言葉がありますよね。本来の姿が損なわれるという意味ですが、語源はここからきています。

小林　そうなんですか。現代剣道でも、剣道形を充分に修行しているとはいいがたい状況ですが、江戸時代、明治時代からそういう傾向があったのですね。

笹森　残念ながらありました。一刀流も形の一部分はわかっていても、すべてがきちんとした形で残っていなかった。それが、父（笹森順造）が継承した津軽の一刀流は残されていたのです。ですから今日も形が残っているのです。

小林　そもそも日本はなににおいても形（型）文化ですよね。書道、茶道、華道をはじめ、能や歌舞伎など日本の伝統文化はすべて一定の原理・原則のもとに動いています。

笹森　やはり形なしではいけませんね。形をある程度学んだのちに自由な稽古に入るという手順が必要ではないでしょうか。

小林　剣道では刀の観念をもちいて竹刀を握るといっていますが、刀を握る前に竹刀を握っています。せめて木刀から入り、竹刀に移行させる。それだけでも、現代剣道がかかえる問題点の解決の糸口になるかもしれません。

小野派一刀流切落《きりおとし》　剣は丸く、なめらかに

小林　一刀流の代表的な技といえば切落《きりおとし》です。たくさんの剣道人もこの技を応用して現代剣道に活かしています。

笹森　切落は剣と剣が同時に当たる瞬間、相打ちに見えますが、実際はこちらが勝つというものです。わかりやすく言えば上太刀をとってそのままスッと入っていくことになります。

小林　斬ったと思ったが、斬られているというイメージですね。

笹森　はい。簡単にできるものではありませんが、一刀流ではその剣の動きを「自分の剣を丸く、なめらかに使って前にまわるように」と教えています。また切り落とすだけでなく、切り落とした瞬間に頭を打ち割るか、喉か眉間か腹を突く、これも一刀流の切落です。

小林　竹刀剣道で切落をする際の注意点などございますか。

笹森　剣道をされている方は、切落をしているつもりでも受け打ちをしていることが少なくないですね。竹刀の構造上の問題などもあると思うのですが、切落は刀を切り落とすことがすでに打ちになっていなければなりません。一方、受け打ちは一度、相手の刀を受け、そこから打ちにいきます。

小林　それでは一呼吸おくれますね。

笹森　ええ。一拍子になっていません。相手の刀を受けたと同時に打つ。受けながらというのもちょっとニュアンスが違います。それと受けて打つ場合は力とスピードが必要ですが、切落は、スピ

ードはさほど必要はありません。力も同様です。正しく打つことが同時に相手の太刀をはずすことになり、敵の太刀をはずすことが同時に敵を斬ることになり、一をもって二の動きをするから必ず勝てるのです。小野派一刀流では、基本となる大太刀の一本目が切落で、五十本目の最後も切落です。「一刀流は切落にはじまり、切落に終わる」といわれますが、必殺必勝の技なんです。

小林　竹刀剣道の稽古をはじめる前に一刀流の切落をやっている人もいますね。ちょっと視点をかえます。剣道では目付、間合、機会などいくつかの重点項目があるのですが、一刀流でも目付は「一刀流兵法十二ヶ条目録」の第一項目に「二つ之目付之事」として取り上げています。

笹森　よく誤解されるのですが、「二つ」は二種類という意味ではなく、複数という意味です。相手の動きを見るには右に動いたときには右ばかりではなく、左も見る。さらに上を見る、下を見るなど全体を把握していなければなりません。

小林　二つというのはそういう意味があるのですか。知らなかった。剣道でも相手の全体を見よ、と教えています。

笹森　一刀流をはじめてから見えるようになったという剣道人もいました。一刀流ではすべてを見通す、わかっていないといけない。形稽古をくり返すことで相手が見えるようになったといっていました。

小林　間合に関してはいかがですか？　これも「遠近之事」として詳解していますね。

笹森　相手を自分より遠く離し、自分は相手に近く、切り突くことができるようにすることが心得です。剣道でもよく使われますね。

小林　ええ。彼我は同じ物理的距離であるのに身体と心の持ちようで近くもなるし、遠くにもなるという教えですね。

笹森　一刀流の立合の間は六尺です。ここから三尺の間合に入ります。ここをわかっていないといけないのですが、当然、相手により歩幅は違います。動きのなかで判断し、適正な間合をとります。形稽古であってもこれが意外とむずかしいようです。

小林　なるほど。先の問題はいかがですか？　剣道では高野佐三郎先生が著書『剣道』のなかで

「三つの先」と記しておられます。

笹森　先々の先、先、後の先ですね。一刀流ではこれらを大先とまとめています。大先は万物創始以前からかけた先で、絶対的なものです。ようは三つの先は相手との状況によって区別していると思うのですが、そのような区別をせず、すべてひとつにまとめています。

小林　そうなんですか。

笹森　大先をはらむには身体の調子を整え、臍下丹田に精気をこめ、腹筋をゆるめず前後左右に過不足なく保ち、上体がまっすぐ寸田と丹田とが垂直線に重ねます。この垂直線に対し、刀の切っ先が三角形の頂点となります。大先はこのなかに宿ると教えています。

キリスト教と武道の教え　最後はすべてを捨て去る

小林　ところで先生のご職業は牧師様ですね。古流の宗家で牧師様というと一般的にはそのギャップに関する質問を受けると思うのですが……。

笹森　古流と教会、どちらからもよく受けます（笑）。わたしは、熱心なキリスト信者の両親から強い影響を受けました。二人とも大正の初期に、海外留学と海外での活動経験を持ち、純日本的な面と世界的、今風にいえばグローバルな面とを持っていました。そんな家で育ったので武道とキリスト教になんの違和感ももっていないのですが、一般的にはそう思われても仕方ないですね。

小林　わたしも職業が牧師様とお聞きしたとき驚きました。

笹森　でも、武道とキリスト教は正反対ではないんですよ。もちろんまったく同じではありませんが、共通するところがたくさんあります。剣の道である武士道もキリスト教信仰も、人の死に方、生き方を真剣に問うています。

小林　おっしゃるとおりですね。

笹森　宗教家の内村鑑三は、宣教師から「武士道は切腹と仇討ちを教える道であるから、キリスト教とは相容れない」と指摘されたとき、「キリスト教は武士道の敵であるかのように思っているキリスト信者が少なくありませんが、そうは思いません」と言い、「イエスとその弟子とを、弟子の模範としてみることができる」とし、パウロを武士の模範であると言っています。

小林　武道のあり方は本来、相手を打つことではなく、相手を受け入れ、互いに高めることですね。

笹森　信仰においても、相手を受け入れ、相手の立場に立って考えるのはもちろんのことです。祈りでも、まず隣人のために祈りを捧げています。

小林　先生もご存知とは思いますが、剣道では「交剣知愛」という言葉があります。わたしも稽古相手に対して、つとめて不快感を与えないようにしています。これが僕のモットーなのですが……。

笹森　やはり相手の人格を受け入れないとだめですよね。父は「教え子が弱いのは教えるほうが悪い」とよく言っていました。ちょっと話題からはずれますが、アメリカでは受け持ったクラスの生徒たちの成績が悪いと、その教師がくびになります。悪いのは生徒ではなく、指導者ということです。

小林　剣道には「打って反省、打たれて感謝」という言葉があります。打たれたということは欠点を教えてくれたということですので、本来、感謝しなければならない。

笹森　武道の目的は刀をおくことといいますよね。それは自分が勝つとか負けるとかということではなく、自我を捨て去る。いつまでも敵味方であらそうということではなく、そこを超越したところに平和があります。

小林　かつて先生は「剣の心と愛」というテーマで原稿を執筆されています。そのなかで、自分を大事にする以上に相手を大事にしなければならない、と説いています。

笹森　昔から真の名人、達人といわれた人は、自分だけが強くなるのではなく、自分以外の人を大切にしています。彼らは必ずよい師匠を持ち、よい相手を持ち、よい後継者をつくっています。

小林　それができないとき、流派は途絶えてきました。

笹森　だから対峙者をただ敵とみなしたり、叩きのめすだけの憎しみの対象としたり、自分を強くするための道具とだけみなしていては、決してよい相手を得ることはできません。相手に対する深い人格的関心があり、人を敬愛し慈しむ心がないと良好な人間関係は築けないですよね。

小林　一本がきまったとき、ガッツポーズをしないのは相手に対する思いやりです。剣道の武道たるゆえんだと思うのですが、そこから人間形成という剣道修錬の目的につながっていきます。

笹森　イエスは「心を尽くし、精神を尽くし、力を尽くして主なる神を愛し、また自分自身を愛するように、隣人を愛せよ」と教えておられます。不完全な人間が、ひとつの完成をめざそうとするならば、唯一の真理である神にしたがい、自分を完成させるために隣人の完成を求めなさいと言っています。

現代剣道に必要な柔軟性　もっと歩み足を活用しては

小林　笹森先生は警察大学校の術科講師をつとめるなど、多くの剣道人と接点をもっておられます。剣道界に対して思うこと、剣道人に対して感じることなどあれば教えてください。

笹森　わたしは剣道に関しては門外漢ですので、大上段に構えて申し上げることはございませんが、気になっているのは勝負のかたちが崩れているのが不安です。

小林　これは剣道界でも懸案になっています。いわゆる「あてっこ剣道」ということですが、先生にもそう映ることがありますか。

笹森　本来、勝敗がきまるところは美しいはずです。姿勢正しく、刃筋が通り、勝って打つ。だれがみても「ああ、たしかに勝った、たしかに負けた」ということが明快であってほしいと感じています。

小林　礼法などはいかがですか。相手に礼を尽くすことを大切にしていますが、その乱れを指摘する声はいまだたくさんあります。

笹森　そうですか……。でも、これは個々人の問題ですね。まずは相手を不快にさせないことを心がければよいのではないでしょうか。蹲踞をするのも相手に対する尊敬のあらわれです。

小林　韓国では蹲踞をしないんですよ。東京大学剣道部はソウル大学剣道部と交流があるのですが、われわれが訪韓したときの稽古は蹲踞をしない。韓国スタイルですが、ソウル大学が来たときは彼らは黙っていても全員蹲踞をしてくれます。

笹森　字をみればわかるように蹲踞は相手に対する礼ですよ。

小林　そうなった経緯は詳しく知りませんが、蹲踞の意味を充分に説明できなかったようです。

笹森　蹲踞はうずくまること。ここまでは敵意がないというあらわれなんです。そこから立ち上がり、戦いがはじまるのです。

小林　先生にご説明してもらえばよかった（笑）。

笹森　ところで剣道では最近、歩み足をあまり使わないそうですね。なんでですか。わたしは歩み足のほうが有利だと思うんですよ。

小林　現代剣道は右足前で送り足が原則になってしまっています。でも、剣道の教科書には歩み足、送り足、継ぎ足、開き足と明記されています。

笹森　状況に応じて使い分けることが必要ですよね。送り足だけでは対応できない局面がきっとあるはずです。

小林　昔の先生は巧みに歩み足も使っていました。こういう技を使える先生は本当に少なくなってしまいました。

笹森　左足を前に出して打たなければならない場面もあるでしょう。

小林　そうですね。わたしも打つときは使いませんが、間合を詰めるときなど必要に応じて使うときもあります。

笹森　現代剣道はすぐに剣先が交わるのでたしかに歩み足を使う局面は少ないかもしれませんね。

小林　ちょっと画一化されすぎているのでしょうか。お父様である笹森順造先生がいまの剣道をみたらどう思うでしょうね。

笹森　父はとにかく剣道に対する信念をもっていました。剣道がもっている普遍的真理を大事にし、「剣道をする人間で悪い人間はいない」とまで言い切っていました。あの父がそこまで傾注した剣道ですから、意味のないものであるはずがない。

小林　剣道の復興にたいへんご尽力されました。そこまで尊重してくださった剣道ですが、当時とはずいぶん変わってしまったのかもしれません。

笹森　古典はふるいからではなく、時代に応じて即応できるから古典として存在価値があります。さらにいえば未来を見据えています。一刀流などの古流もまったく一緒です。わたしもそういう覚悟で一刀流の啓蒙に取り組んでいます。

小林　剣道もまったく同じですね。

笹森　剣道は武道かスポーツかという議論があるようですが、わたしは、剣道は剣道でいいと思います。そして一刀流と同じく、現在をみきわめ、未来をきりひらいていくものであってほしいと思っています。かげながらその発展を応援しております。

（平成二十年五月二十五日）

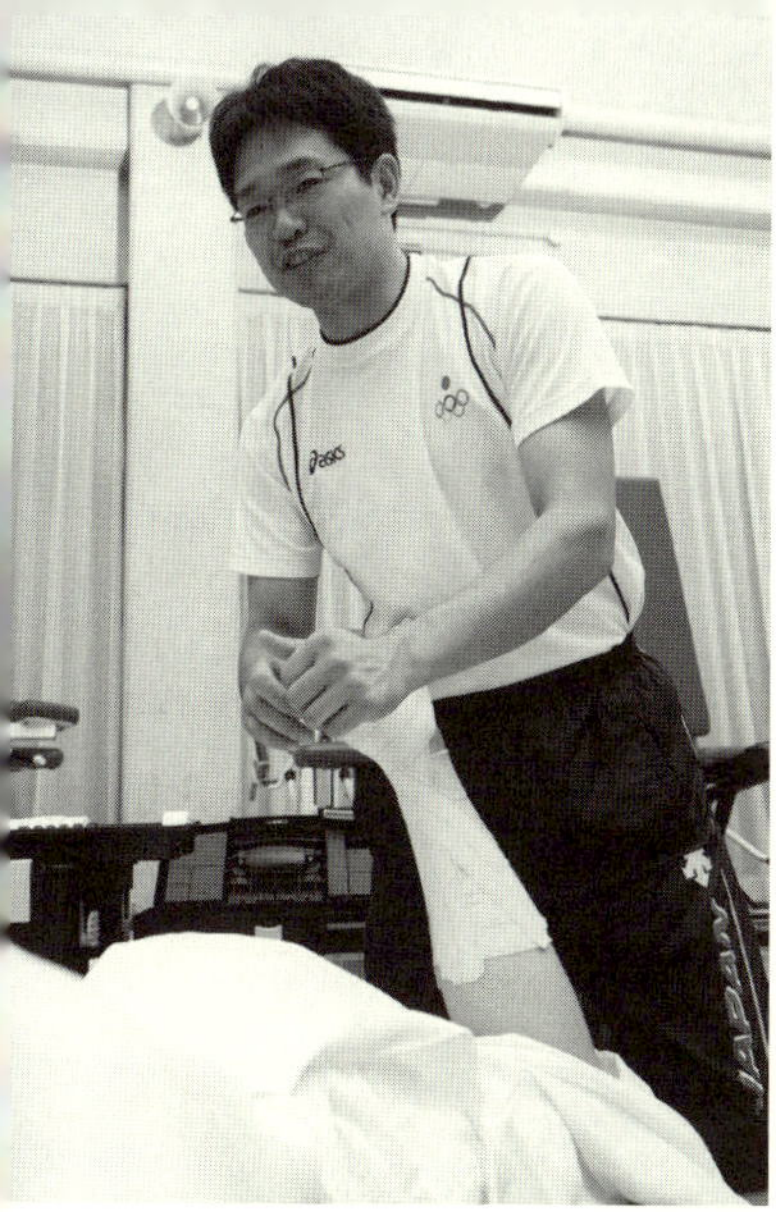

剣道とコンディショニング
経験値と科学の融合で剣道はさらに進化する

◆対談のお相手——

齋藤　実

さいとう・まこと／昭和四十五年静岡県榛原町（現牧之原市）生まれ。榛原高校から筑波大学に進み、筑波大学大学院修士課程修了。国立スポーツ科学センタースポーツ情報研究部研究員、全日本剣道連盟強化訓練講習会トレーニングコーチ、大妻女子大学剣道部助監督などを歴任。第十二回、十三回世界剣道選手権大会日本代表トレーニングコーチ。剣道六段。専修大学経営学部准教授、同大学剣道部副部長。日本トレーニング指導者協会（JATI）認定上級トレーニング指導者。編著書に『強くなるための剣道コンディショニング＆トレーニング』（小社刊）。

コンディショニングは「かも…」にそなえること

小林　唐突ですが、コンディショニングという言葉を剣道界に浸透させたのは齋藤先生のご尽力といってもいいでしょう。剣道は伝統的に稽古で鍛えていくという考え方が主流でしたが、新しい切り口を提供しました。わたしも先生にお会いするまで正直、コンディショニングという言葉すら知らなかった。

齋藤　とんでもないです。でも、言葉は知らなくても、先生方は実体験として他人が真似できないコンディショニングをされています。われわれはコンディショニングを「ピークパフォーマンスの発揮に必要なすべての条件（要因）を目的に向かって適切な状態へ整えること」と定義しています。わかりやすくいえば試合を例にとれば、試合に勝つためにさまざまな準備をするということになりますが、実績を残されている先生方はきっちりとコンディショニングができているわけです。

小林　なるほど。先生は平成十五年からトレーニングコーチとして全剣連の強化訓練講習会にかかわるようになりましたが、そのサポートは実に多岐にわたっています。トレーニングはもちろん、訓練前や訓練中のテーピングやアイシングのケア、ミーティングでのスポーツ科学の講義・実習、訓練後のストレッチングなどのクーリングダウンの指導やコンディショニングルームでのマッサージなどです。大会で優勝するという目的を実現するためにはたくさんの準備をするものだと思いました。

齋藤　最近は、ドーピングに関する講義、訓練の客観的評価や世界大会に向けた情報分析も行なうようになりました。

小林　他の競技では普通に行なっているらしいですね。あらゆる事態を想定して物事にそなえるといったイメージでしょうか。

齋藤　これは強化訓練で話させていただいたのですが、物事は「だろう」「かもしれない」、二つの考え方があります。つまり「風邪をひかないだろう」「遅れないだろう」という考え方と「風邪をひくかもしれない」「遅れるかもしれない」という考え方です。

小林　当然、「かもしれない」を意識しなければいけないわけですね。

齋藤　そうです。風邪をひくかもしれないと常に意識していれば手洗い、うがいも欠かさなくなるし、遅れるかもしれないと意識していれば交通機関の情報にも敏感になります。準備に準備をかさね、最後、自分にいい聞かせる意味で「なんとかなるだろう」というのは成功するかもしれませんが、「だろう……」を基本スタンスにすると失敗する確率が高い。

小林　車の運転もそうですね。「飛び出してこないだろう」という考え方は大事故につながります。

齋藤　ＪＩＳＳ（国立スポーツ科学センター）に勤務していたとき、井村雅代さん（現シンクロナイズドスイミングイギリス代表コーチ）にインタビューをさせていただいたことがあります。メディアに映る井村さんは豪快な印象があるかもしれませんが、「わたしは用意周到だ」とおっしゃるんです。

小林　そうなんですか。

齋藤　「私はすべてにおいて用意周到であると思う。考えられることはすべて事前におさえる。『どうにかなる』ということは絶対にない。用意周到だからこそ、イチかバチかの賭けもできる」と名言ともいえる言葉を残されています。つまり、「かもしれない」というリスクをひとつずつつぶしていくと、イチかバチかの賭けをしても成功する可能性が高い。シドニーオリンピック、アテネオリンピックでも本番前日に演技内容を変えたそうです。普通、本番直前にそんなことをすればチームは動揺します。でも、当時のシンクロ日本代表チームはそういうことも想定内でトレーニングをしてきた。金メダルをとるためには、本番直前で演技内容を変えたほうがいい場合もあるそうです。

小林　水の飲み方やケガへの対処法、疲労の回復法など、すべては「かもしれない」への対処なんですね。そう考えると剣道は遅れている部分が多いかなあ。

齋藤　いや、遅れているということはまったくないと思います。僭越ながら強化訓練講習会でいろいろなお話をさせていただきましたが、わたしの話を聞いて「自分がやってきたことが間違いないことが確認できた」とおっしゃった方が何人もいました。強化訓練生は全国から集まった精鋭です。わたしがなにを申し上げようと、すでに自分自身のコンディショニングの方法を開発し、それを身につけているんです。小林先生も数多の試合に出場されていますが、どうしたら自分が最高の力を出せるかをちゃんと身につけておられると思います。

小林　水の飲み方も昔は「飲むな」、いまは「飲め」でしょ。やるのはいまも昔も人間なのに、そんなに変わるものなのかなあ。

齋藤　結局、その人に本当に合っているかどうかということは断言できないし、わからないんです。

われわれは不特定多数のデータをとり、それに基づいて平均値を出す。「おそらくこうなる」としかいいようがないのですが、その確率もきわめて高くなってきています。だから、いまは発汗で水分を失ったら、その分は補給しましょうということになるんです。

小林　最終的には自己責任ということになるのかな。

齋藤　剣道の場合、コンディショニングの成功事例というと武勇伝的なものが残っていますよね。たとえば大会前日に大酒を飲んで勝ったとか……。その人にとってはよかったのかもしれませんが、平均値で成功確率を出すわれわれにはそのような方法はすすめることはできないんです。

小林　でも、確率を出すことは重要ですよね。後進にとっては大きな指標となる。たとえば水の飲み方にしてもひとつの教科書的な指針があり、それにしたがって最初は飲めばいい。そのうち自分独自の飲むタイミングや飲み物の種類を選んでいけばいい。その意味でもとても参考になるのではないかな。実際、わたしが強化にたずさわっていたとき、先生の講義を講習生たちは食い入るように聞いていていました。

剣道が求めているのは鬼ごっこがうまい人材だ

小林　トレーニングという観点でもう少しお話をうかがっていきます。僕が現役時代、バーベルを上げたり、ダンベルを使ったりして筋力トレーニングをしている仲間もいたのですが、僕は齋藤先生には申し訳ないのだけど、そのようなトレーニングはしなかった。というのも、僕は東京オリンピックの代表候補でフェンシングをやっていたでしょ。そのフランス人のコーチが無駄な筋肉がつくと、スピードがつかなくなるといっていたんです。

齋藤　剣道でもそれはありますね。やり方を間違えると、小林先生が指摘を受けたことと同じような結果になるかもしれません。剣道の動作は、複数の関節を関係させながら伸ばしていく動きが多いのです。たとえば打突部位をとらえるときは、肩・肘・腕は伸ばしていく。しかし、一般的に筋力トレーニングというと単関節の動作が多いため、剣道の動きそのものとは随分と違います。

小林　筋力はつくかもしれないけれど剣道には生かされにくいということですね。

齋藤　トレーニングをするスピードにも問題があると思います。重いバーベルを遅いスピードで持ち上げても結局、剣道のような速いスピードで動く筋力は獲得できないのです。

小林　齋藤先生の編著書にも書いてありましたね。重い木刀を振ったあと、手刀でもいいので速く振る動作をする。

齋藤　筋力をつけることは大事なのです。それに加えてスピードをつけたり、神経に刺激を与えたりして、より剣道の動きに近づけることが必要なのです。たとえば神経に負荷がかかった瞬間、パッと出られるようなトレーニングは重要ですね。

小林　すると重い木刀を何回も振っているのは問題があるのかな。

齋藤　一概にはいえませんが、重いものを振り続けると引っ張っていく動作になっていきがちです。本来、素振りは最後にスピードがつくような振り方をしないと打突と同じような動作にならないはずですが、重い木刀の動きを支えようとするので引っ張ってしまう。

小林　僕は昔から素振りは数をかけたほうだけど、軽めの木刀を振るようにしていました。
齋藤　おそらく重い素振りをビデオカメラで分析したら、最後が遅くなっているはずです。
小林　上手に竹刀が振れている人、そうでない人の差はそこにありますよね。上手な人は最後が速い。反対にいえば最初の部分は、両者あまり変わりはない。
齋藤　上手な人は竹刀が鞭《ムチ》のような動きをしています。
小林　打ち込み稽古は立派、互格稽古もまあまあ。だけど試合になると勝てない選手がいますね。たとえば打つ前に色が出すぎている人です。コンマ何秒をあらそう剣道では致命的な欠点です。こういう欠点などを科学的なテーマで証明することはできるのですか。
齋藤　断定的にはいえないのですが、以前、筑波大学で、打突時の重心のかかり方の研究をしました。

被験者は同じ高校から入ってきた学生二人だったのですが、一人は剣道推薦、もう一人は一般受験でした。踏み切る動作は必ずうしろに一度、重心がかかるのですが、一般受験の学生のほうがその動作がスムースでした。そして結局、レギュラーになったのは剣道推薦の学生ではなく、一般受験で入ってきた学生でした。

小林　なるほどね。

齋藤　結局、身体の使い方がうまいほうが上達する確率は高くなるようです。野球やバスケットボールは下半身の力を上半身に伝えていくだけである程度、動きが完結するのですが、剣道は下半身と上半身の動きがまったく違います。そこを連動させないといけないわけです。

小林　剣道の動きはよく考えてみると複雑ですよね。僕たちは何十年もやっているから無意識でやっているけど……。

齋藤　トレーニング指導では上半身のトレーニング、下半身のトレーニング、さらに上半身でも腕、肩など細分して行ないます。しかし、いくら部分を鍛えても、これらを連動して使えるようにしないと意味がないわけです。だから剣道の効果的なトレーニングは稽古しかないという考え方は理にかなっています。ボールが上手に投げられなくても竹刀を振るスピードが極端に速い人がいるのも、剣道の動きに特異性があるからかもしれません。

小林　やはり組み立てる作業がうまくできないと身体もうまく使えないのですね。僕はもともとトレーニングが下手。走るのも遅いし、力もそんなに強いほうではない。だからトレーニングに時間を割く代わりに素振りをしていました。

齋藤　筋力をつけるトレーニングが必要ないかといえば、そうではないと思います。ただ、剣道の動きを意識したトレーニングをしないと効果が薄いということはいえそうです。

小林　達成感だけが残るようなやりかたではまずいわけですね。

齋藤　剣道は、百メートル走が速い選手ではなく、鬼ごっこが得意な選手を求めていると思います。

小林　かけひきが大事だからね。

齋藤　そうです。作戦能力があり、空間の認識がある。相手の状況に応じて柔軟に対応できる力など、総合的な能力が求められるのではないでしょうか。そういうトレーニングを試行錯誤しながら開発しています。

剣道界の転機となった第十二回グラスゴー世界大会

小林　齋藤先生との出会いはグラスゴーの世界大会でした。わたしが日本の監督をつとめさせていただいたわけですが、齋藤先生にはいろいろ助けられました。日本代表を選ぶまでの強化訓練、グラスゴーに行くまでの強化合宿、そしてグラスゴーに入ってからと当時、トレーニングコーチは男女で先生お一人でしたので八面六臂《はちめんろっぴ》の働きでした。

齋藤　いい勉強をさせていただきました。あのときはすべてが初めてのことでなにをするにも手探りでした。

小林　世界大会にトレーニングコーチを帯同させることが、日本代表にとっても初めての経験でしたからね。その意味でひとつの転機となったと思います。先生がいろいろデータをそろえてくださいましたが、僕は韓国の選手が有効打突を取った位置についての一覧表はおもしろかったなあ。

齋藤　あれも手探りでした。ただ、われわれのようなサポートスタッフの仕事は監督になる方が伝えたいことを手助けすることなんです。あくまでも補助です。たとえば韓国選手の有効打突はライン際できまるケースが多かった。小林先生がその注意をうながす際、単に「ライン際に気をつけろ」というより、「このようなデータがあるから気をつけよう」といったほうが説得力があります。

小林　ビデオは役に立ちました。選手はナーバスになっていたから参考になったと思います。

齋藤　ただ、ビデオの見方のトレーニングも必要ですね。どうしても対戦相手のビデオを見るときはよい部分に目がいき、自分のビデオを見るときは悪い部分に目がいくものです。そうすると、相手がものすごく強く見えてしまう。世界大会に関しては一流選手ばかりが集められているので問題はなかったですが、若手選手にはそういったトレーニングも必要かもしれません。

小林　現地情報もたくさん伝えてくれたので、選手も安心していましたね。

齋藤　情報収集活動をスポーツ界ではスカウティングといっています。偵察ともいわれることがありますが、偵察となると剣道の考え方からするとちょっと違うかもしれません。ただ、スカウティングという意味は先駆者という意味であり、相手に勝つための行為ではありますが、最終的には相手を知ることで自分の剣道の幅を広げることです。そのような意味から会場や街並みを写真で伝えたりしました。

小林　知っていて使わないのと、知らないで使えないのでは雲泥の差がありますからね。

齋藤　ナショナルチームの合宿はいろいろな面で所属のチームとは異なります。前の職場でいろいろな競技のナショナル合宿を見せていただきましたが、チームをまとめるのにみなさん創意・工夫をされていました。

小林　剣道でいえば、あれだけの実力者が集まってきますからね。わたしはその選手が本気で力をぶつけ合うような合宿にしたかった。選手の能力をみるのは稽古内容ではなく、試合です。試合をしてもらうといろいろな情報が伝わってきます。

齋藤　先生はその意思をはっきりと選手とスタッフに伝えていました。

小林　でも、本当に勝負の世界はこわいですね。一本はどんな状況でも一本ですが、団体戦の大将の重みはまったく違う。命をかけてやる覚悟がないとできない。そんな極限のところで監督をさせていただいたのは、わたしにとっても貴重な経験でした。

剣道のノウハウはもっと他競技に活かされるべき

小林　齋藤先生はかねがね剣道のノウハウは剣道以外の場面でも生かすことができるとおっしゃっていますね。実は、わたしもそう考えている一人なんです。

齋藤　剣道は人を斬る技術から出発していることは周知の通りです。現代剣道のスタイルになるまで膨大な数の先人がかかわってきた歴史があり、刀による攻撃はほんの一瞬を単位にしており、緻密な技術論のみならず攻撃を起こすまでの状態についても他競技よりも深く追求されてきたに違いありません。

小林　『五輪書』が剣道界だけでなく、ビジネス書としても活用されているのは極意としてのノウハウがあるからでしょうね。

齋藤　間合、目付、先を取るなど、例をあげればきりがないです。わたしが身近な例で話をさせていただいたのは目付です。ハンドボールでは最近、「周辺視野《しゅうへんしや》」という言葉を用い、眼前だけでなくひろくあたりを見届ける見方を大事にするようになりました。これは剣道でいう「遠山《えんざん》の目付《めつけ》」のことであり、剣道をしている者であれば中学生でも知っている事柄です。それをハンドボールの講習会で紹介したところ、たいへん驚かれました。剣道の経験値とデータ分析による科学の融合ということになると思うのですが、鬼に金棒だと思うんですよ。

小林　居つく、なんていう言葉もおもしろいですね。

齋藤　サッカーではカウンター攻撃という反撃方法がありますが、攻めあぐねると必ず居ついてしまうところがあるんですね。その居つく瞬間を狙うのがうまいチームがある。剣道の指導者がサッカーの指導者とそんなことを話す機会があると、もっと発展すると思うんです。

小林　僕は先日、剣道とはまったく関係のないところで、小中学生のお子さんを持つ保護者を対象に話をしました。一刀両断とか鍔ぜり合いなど日常生活に入っている言葉は実は武道からきていることを導入にすると耳を傾けてくれました。

齋藤　やはり教育的な効果はありますよね。武道が平成二十四年から中学校で必修化になるのは単に相手を打つ技術を身につけてほしいからではないと思います。

小林　剣道のよさは「省略をしないこと」とよくおっしゃっていますね。なるほどと思いました。

齋藤　勝つためには効率化をはかるため省略するのです。たとえば用具をそろえる、マッサージをするなど他競技では召使のようになっているマネージャーもいます。だけど、剣道では勝つことも大事だけれども、勝つだけではない。人間形成の道を最終目標としています。そこに重要なノウハウがあると思います。

小林　日本代表候補は、来年のブラジル世界選手権大会に向けて佳境に入っていると思います。先生も強化委員として活動にたずさわっていますが、その活躍を楽しみにしています。

（平成二十年七月二十五日）

無我夢中で数をこなすと自然に腕が仕事を覚えていく

◆対談のお相手――

鈴木謙伸

すずき・けんしん（本名・剛）／大正十年埼玉県浦和市（現さいたま市）に生まれる。昭和十年小学校卒業と同時に、竹屋流剣道具師三代目・竹本鉄蔵氏と兄弟弟子の中富藤吉氏のもとに弟子入りして剣道具師の道に入る。昭和二十八年、「鈴木剣道具店」を開業する。昭和四十六年、竹屋流剣道具師第六世を襲名。平成二十五年十一月二十七日ご逝去、九十二歳。

道具は使うものであり、ながめるものではない

小林　ここに来るまで、鈴木さんのことをなんてお呼びしようか考えていたのですが、親方と呼ばせていただきます。剣道界は先生ですけど、職人の世界は親方ですね。

鈴木　職人に「先生」はいけませんよ。おちょくられているようで……。ただ、親父（剣道範士・鈴木祐之丞）が剣道の専門家でしょ。それで親父に習ってきた大先生方も、わたしを「先生」と呼ぶこともあるけれど、やはり合わない。わたしは小僧の時分から、はやく「親方」と呼ばれてみたい一念でやってきたようなもんですから、それが実現できて、八十七歳になったいまも毎日が楽しいです。

小林　昭和十年から剣道具づくりにたずさわっているとお聞きしていますので、戦争で中断はあるものの、今年で七十三年ですね。

鈴木　はい。小学校卒業と同時に川越の中富弘武堂へ出されました。県立師範学校の付属小学校で級長までやったんですが、よっぽど腕白だったのでしょう。親父が「剣道具師になれ」ということで川越に行くことになりました。川越の親方（中富藤吉）は「鈴木先生のせがれでは…」と、最初は何度も断ったそうですが、結局、引き受けてくださった。

小林　川越の親方はどんな仕込み方だったんですか。

鈴木　ああしろこうしろと教わったことはないですね。ただ、中学生用の安物を作らせてもらうよ

うになったころ、仕込んだ面布団を目の前ではさみで切られたことは何度かありました。「こんなもん使えるか」と一言。教わるほうは見て覚えるしかなく、それも親方がつくったのを、いない隙をみはからって手で触って感じをつかむようなやり方でした。

小林　まさに職人の世界ですね。

鈴木　うちの師匠は、全部できないと剣道具屋の職人とはいえないという考えでした。道具をつくれることは当然だけど、たとえば竹刀をもち込んだお客さんが、「この竹刀に合った柄革を…」といえば、それに対応できなければならない。剣道具に関することはすべてやるということです。

小林　親方は仕組むとつくるとはべつべつとおっしゃっていますね。

鈴木　うちは面・胴・甲手・垂の一式を、仕込みからはじめて仕上げまでを作り上げるのが本職です。面ならば面布団の仕込みからスジ引き、顎《あご》づくりなど、ひととおり全部自分でつくれてこそ、はじめて面がつくれるということになると考えているんです。部分部分を他人につくらせて、集まったのを仕組むばかりではさびしい。

小林　顎もつくられるのですか。突き垂れともいわれていますが…。

鈴木　われわれは昔から顎としか呼びません。顎はばってん印のかざりがあるのが一般的ですが、なぜこれが多いかというと、これだと胸の飾りはどれでもいいから。でも、顎の飾りが波千鳥なら、胸も波千鳥でないといわゆる後家道具になっちまう。そういう基本的なことも知られなくなっているのが残念です。

小林　審査員をしていても、けっこう気になりますね。

鈴木　よけいなお世話かもしれないけれど、立派な先生なのに後家道具を使っているのはちょっとね…。

小林　親方のところではすべて手づくりということですから、年間、何組くらいつくることができるんですか。

鈴木　年間で六組くらいですかね。

小林　では納品を待ちわびた人たちはもったいなくて使えないというでしょう。

鈴木　よくいわれますけど、道具ですからね。使ってもらわないことにははじまりません。この前もある範士の先生に「もう修理の頃でしょう」と申し上げたら、「もったいなくて使っていないよ」とのこと。

小林　その気持ちはわかりますね。

鈴木　でも、お客さんによっては四十年以上も使ってくださっている方もいます。五年に一回は修理に出してくれ、大事に大事に使ってくださっている。こちらの気持ちが伝わったのか、毎年、年賀状はその道具をつけての写真入です。もう八十五歳を超えているくらいになったと思うけれど…。

小林　それは職人冥利につきるお話ですね。道具は高価なものですし、それだけに大事に使ってもらいたいですよね。わたしは高校時代、道具は武士の魂と教えられました。使う人の意識は大事ですよね。

鈴木　小手をひとつとっても汗がしみこんだまま、手の内にしわがよったままというのは悲しいですよ。

小林　いまは遠くに稽古や試合にいくときは道具を送ります。ぼくは道具を入れっぱなしにすることでへんな型がつくのがいやで、なるべくほぐして送るようにしています。
鈴木　あれ、嫌ですよね。面は自然なかたちで富士山の裾野のようになってほしい。
小林　やはり使い手の道具に対する気遣いひとつですね。
鈴木　その意味で、道具だけは自分で買ってもらいたい。おおむね粗末にするのはいただいたもの。自分で金を出せば大切に扱うでしょ。ある道場が解体したとき、おきっぱなしの道具を整理したそうですが、ほとんどがいただきものだったらしいですね。

使い込んだ道具は稽古の跡を物語る

小林　親方のところに通うお客さんはそれこそ何十年の付き合いという方が多いとお聞きしています。それだけに修理に持ち込まれた道具の状態をみれば、いろいろなことがわかるのではないですか。
鈴木　わかりますね。おかげさまで小学生のときからきていた子どもがこのまえ定年になっちゃいましたからね。そんなお客さんが多いから、まじめに稽古をしている人、そこそこの人、そんなことがわかりますね。
小林　わかりやすいのはやはり面と小手ですか。
鈴木　そうですね。教育大の学生さんで、四年間で面を三つつくった人がいました。夏休みの稽古で面が一つ壊れるくらい烈しい稽古をしていた方でした。

小林　汗で痛んだのでしょう。面と小手はとくに消耗がはげしいですからね。

鈴木　小手をみると、その人のくせがなんとなくわかります。力が入りすぎているとかね。「もう少し、力を抜けばいいのに」と師匠が言っていたこともありましたね。

小林　昇段審査前に店にくる人も多いのではないですか。

鈴木　そんなにはいないけど、なかには相談にくる人はいますね。わたしのアドバイスなどたいして役立つはずもないのですが、六段に合格した人もいました。

小林　それはすごい。

鈴木　ようするに職人仕事は一回こっきりの売り買いではなく、息の長い付き合いです。本当の商い、客とアキナイ間柄になるものです。

小林　商いは、アキナイ関係……。なるほどですね。

鈴木　昭和三十年代ですが、まだうちの父親が元気で子どもたちに剣道を教えていたとき、小学生で強い子がいました。その子はいまでもうちのお客さんですが、大学生のときに使っていたときの面を巻きなおしてほしいといってきました。もう二十年以上前のものですが、面布団はいい具合になっていて、よく働いていてくれていました。巻きなおしというのは面をバラバラにして新しく仕立て直すことをいうのですが、この面は顎と面布団を残して仕立て直すことにしました。

小林　これこそ本当のアキナイ関係ですね。

鈴木　ありがたいですよね……。自分でつくったものは、やはり自分の手でなおしたい。自分の手

がけたものですから素材もわかるし、くせもわかります。

小林　道具が語りかけるわけですね。

鈴木　わたしにとって修理はいろいろな技術を教えてくれました。新しい道具は親方や兄弟子が教えてくれるけれど、修理は道具の状態によって違うので、教えられたことを総合して自分でやっていかなければならないんです。親方から教えられた内輪のつけ方、刺し方などは修理をしながら痛み具合を考慮しながら、自分なりのやり方を開発するしかないのです。剣道の稽古と同じで、数を重ね、実際にやってみて、少しずつわかってくるものなんです。

小林　稽古、稽古ですね。

鈴木　そうそう。修理すべき箇所からいろいろなことを教えられます。「だめだよ、手抜きしちゃ」とかね。自分がつくった道具だからこそ、道具から言葉が伝わってくるんですけど。

小林　そんな道具に語りかけられるとまた張り切ら

ざるを得ないですね。

鈴木　ただ、材料に関しては時代の流れには逆らえないですね。たとえば革は昔のようにいいものがないんです。いまの革は、見た目はいいですが、使ってみるとなかなかいうことをききません。

小林　これまでたくさんの道具をつくってきていると思いますが、とくに思い出に残っている人、エピソードなどはおありですか。

鈴木　わたしの場合、いわゆる勝負師といわれる方々の道具はあまりつくったことがないんです。むしろ、いっぺんでいいからいい道具を使ってみたいという方からの注文が多い。どれもそれなりに思い入れはありますが、失敗したなと思うのは完成したら全部、写真に撮っておけばよかったということ。それで七、八年前、注文台帳をひっくりかえして手紙を書いて、写真を送ってもらうように頼みました。

小林　親方を慕っている人は全国にたくさんいるでしょうから、戻りもよかったのではないですか。

鈴木　三分の一くらいでしょうか。でも、アルバムになるくらいは戻ってきていますから、ありがたいですよね。

小林　たぶんお客さんは親方がつくった道具を使うと、それ以外は使いたくなくなるのでしょう。アルバムを拝見すると、そんな雰囲気が伝わってきますね。

順を追って教えたのでは職人の技は鍛えられない

小林　親方は昭和十年からこの道に入りました。もう七十年以上も前のことですが、いわゆる徒弟制度のなかで仕事を身につけていかれました。その仕事のやり方についてお聞きしたいと思います。

鈴木　職人の世界はどこも同じですが、仕事の手順など、はなから教えてはくれません。小僧のときは次々と用事を言いつけられ、ときには理由もなく叱られ、あたふたしながらも、だんだんどんな仕事をしていくかを知っていく。これはごく当たり前のことだったんです。

小林　いまの仕事のスタイルとはまったく違いますね。

鈴木　それはもう…。兄弟子が小僧の頃、親方から木づちで殴られた、なんて話も聞きましたが、わたしが入った頃はそこまではありませんでしたが、仕事場で親方の笑顔を見たことはありませんでした。

小林　小僧の仕事というのはどんなものなのですか。

鈴木　仕事場にすわれるのは一日のうちでほんの少し。走りづかいです。面布団や甲手の肘の部分の刺しは、内職屋と呼ばれる主婦たちの手仕事。当時はミシン刺はなかったので、自転車で内職屋さんまわりをするのも小僧の仕事でした。たとえば面布団に綿入れをするのは親方ですが、その綿の入ったものを自転車に積んで川越市内の町のあちこちにある内職屋さんに配っていくのです。内職屋さんは、みな自分の母親と同じくらいの年齢なのでかわいがってもらいました。

小林　そういう交流のなかで徐々に仕事を覚えていくわけですね。

鈴木　単純でやさしい仕事でも、そればかりを根比べのように飽きるほどやらされます。たとえば、面づくりで下っ端の小僧がやれるのは面縁を面金にからげるのと、次の面縁の綴じ。顎のついた面金が山ほど積まれ、気合を入れて面金に面縁をからげているうちに、まわりから天地、内輪と布団のついた面が次々とまわってきます。「面縁はまだか！」と急き立てられるわけですが、こんなふうに無我夢中で数をこなしているうちにいつの間にか腕がやり方を覚えていくんです。

小林　腕がやり方を覚えていく……。まさに技ですね。

鈴木　するといつの間にか、ほんとうに自分で意識しないうちに「オイ」と下仕事をまわすようになっている、つまり自分の立場がいつの間にか変わっているんです。こういう経験を何十回もしてきました。これが学校とは違うところで、順を追って教えたのでは、職人の技は鍛えられないのです。

小林　そんな職人の世界が戦前はあったのですね。親方がこの世界に入って数年後、太平洋戦争がはじまりましたが、やはり職人の方々も少なからず影響を受けておられますね。

鈴木　わたしは中富弘武堂に修行に入って足かけ七年目の昭和十六年暮れ、徴兵され、十七年一月に入隊しました。新兵となって外地を転々として、終戦はジャワのスラバヤで迎え、捕虜としてシンガポールのレンバン島にいて二十二年に復員しました。いま、わたしは職人を続けているけど、たくさんの剣道具職人が前線での銃剣道、剣道の訓練に使う道具の修理のために徴用され、民間人の身分のまま亡くなりました。徴用というのは、国家が国民を強制的に動員して、兵役以外の業務につかせることで、戦地に送られた職人たちは、どこでどのように亡くなったのか、その消息もわからないんです。本当に心が痛むことで、南方に行った人は一人も帰ってきていない。

剣道具師として伝えていきたいこと

小林　職人の世界も変わりましたが、剣道界も戦後、大きく変わりました。当然、お客さんの雰囲気も変わったと思いますが、総じて感じるところはございますか。

鈴木　粋な職人さんが少なくなりましたね。わたしらの時代の職人は昔気質というか、人と人とのつながりをないがしろにできないんです。

小林　そうでしょう。

鈴木　あまり大きな声ではいえないのですが、ある人が電話で道具の注文をされてきた。その頼み方が気持ちのいいもので、わたしは注文を受けると一度はお目にかかるのですが、このときはすぐにつくりたくなり、他の注文をおいて一気につくり上げてしまいました。和歌山の方だったのですが、納品も自分で足を運びました。そのときが初対面になりましたが、予想通りの方で、ひとり悦に入ったものです。

小林　そのお気持ちはなんとなくわかりますね。

鈴木　結局、お客さんはだれももっていないものを持ちたいという願望がありますよね。それに応えてやれるのが職人だと思います。うちでは鹿革の鍔下をつくって、祝い事の折に差し上げているのですが、とてもよろこんでくれます。

小林　なるほど。

鈴木　遊び心ですよね。仕上げてナンボ、出来上がってナンボというのではない。ゼニにはならないんだが、常連のお客さんのためにちょっと遊び心をいれて仕事をする。そこにはよそにはなくって、うちだけにしかないものをつくる優越感があるんです。

小林　親方には剣道具づくりの伝統を絶やさないためにもさらにご活躍していただかなければなりませんね。

鈴木　もう歳ですから……。でも、どこの店も売るだけになっちゃったからさびしいところですね。平成も二十年が過ぎれば時代も変わりますけど、剣道具屋であれば、ひとつでもいいから自分で道具をつくり、それを売るということにこだわりをもってもらいたいとは思います。

小林　職人というと、その技術はだれにも教えたくない、という感じがしますが、そのあたりはいかがですか。

鈴木　職人というのはどんなものをつくる人でも、親方に教えられた通りにやっているようでいて、実はそうではないんです。教えられ、機械のようになぞられていくうちに技術を覚えていくことは事実ですが、それでは一人前ではない。自分なりの工夫をこらし、自分がやりやすいように手順を考え、使う道具さえ、自分風のオリジナルのものをつくります。前置きが少し長くなりましたが、だから教えるということに関して、わたしはまったく抵抗をもっていません。

小林　結局、最後は自分で、自分の世界をつくるしかない。なにごとも同じですね。

鈴木　知っていることはすべて教えるというスタンスです。わたしが親方、兄弟子から教わったことを出し惜しみはしません。

小林　見ることが学ぶことにもなるわけですしね。

鈴木　わたしは見よう見真似でつくっている人の仕事に学ぶことはたくさんあると思うのです。みずからたどりついた剣道具づくりには数々の工夫が見つかるにちがいありません。

小林　見極める力がある人が見れば、さらによいものをつくっていくことができるし、同じものができるということではないとお考えですね。

鈴木　職人になる人がいくらでもいた時代ではありません。徒弟制度も失われてしまったいまは、横のつながりこそ手づくり剣道具を残す道ではないでしょうか。「知りたかったら盗め」といっても、盗めるような環境ではないですから。

小林　横の交流が後継者育成にもつながるのでしょう。

鈴木　わたしは住み込みの弟子を二人育てるとともに、息子の守を定時制高校に通わせながら道具づくりを学ばせました。息子は八年前に急死しましたが、その後、孫の崇敏が弟子入りしてくれ、五年間、マンツーマンで教え、なんとか一通りのことができるようになりました。後継者を育成するには、なにしろ自分が現役で仕事をしていないと駄目ですね。自分がやってみせて、覚えさせる。

小林　剣道具づくりの学校を開いたらどうですか。

鈴木　あと十年若かったらやってもいいかと思っていました。浦和に畳職人を育てる学校がありまして、その校長さんとは氏子仲間なんです。そんなことを知っていたのでそれもいいかなと…。

小林　ぜひ開校してください。鈴木武道具職人養成塾ですね。今日はありがとうございました。

（平成二十年八月二十日）

子どもの剣道人口は、増やすことも大事だが継続させることはもっと大事だ

◆対談のお相手——

恵土孝吉

えど・こうきち／昭和十四年愛知県生まれ。中京商業高から中京大に進む。中京大時代は全日本学生選手権大会優勝二回準優勝二回。卒業後、全日本選手権大会準優勝一回三位三回などの実績を残す。中京大学、東京大学教員を経て金沢大学に赴任。現在、金沢大学名誉教授、ＮＰＯ法人日本武道修学院代表理事。

剣道に恩返しがしたい　NPO法人を設立する

小林　恵土先生といえばかつて小兵剣士として各種大会で活躍した名手。わたしも先生が日本武道館などで試合をするお姿を間近に拝見していました。県警の若手として四苦八苦していた頃です。「すごい選手がいる」と驚いたものです。先生の活躍をいまでも鮮明に覚えています。

恵土　いやいや、もう五十年前の話ですよ。昔のことです。ただ、わたしたちの時代は昭和二十八年まで剣道は禁止されていましたので、はじめて習ったのはしない競技なんです。高校（中京商業）からは剣道になりましたが、動きまわるしない競技の癖は最後まで抜けなかった。いまの剣道とは少し違うものをやってきたのかもしれません。

小林　そんなことはありません。先生は中京大学四年生のときに全日本選手権大会に出場し、三位に入賞されています。学生剣士の出場は恵土先生がはじめてだったそうですね。そんな戦後剣道の一時代をになった先生は金沢大学を定年退官後、武道の普及を目的としたNPO法人（NPO法人日本武道修学院）を立ち上げられました。まずはその経緯からお聞かせください。

恵土　わたしは私学で十年、その後、国の税金で三十年、大好きな剣道の技術修錬とその研究をさせていただきました。その知見、経験を後世の剣道継承者に伝承することが、わたしの生きている証でもあり、それが多くの方々への恩返しになると考えました。

小林　定年退職後、好きな剣道に恩返しをしたいと考える方はたくさんいます。実際、わたしもそういう気持ちで活動をしています。でも、ＮＰＯ法人といういわば活動拠点をつくられるというケースは少ないと思います。

恵土　個人で公共の施設を借りるのはけっこういろいろな制約があるんです。でも、こうした法人格をとっておくと県が認可した団体であるので借りやすくなる。そういう現実的な理由と、もうひとつは「日本武道修学院」という箱をつくっておけば、いまは代表理事をわたしがつとめていますが、引継ぎは容易になります。

小林　あえて剣道とはせず、武道と間口を広げたのは他の武道の振興も目的としているからでしょうか。

恵土　そうです。いまのところ剣道・居合道・杖道です。二〇〇五年に設立しましたので今年で三年目になりました。

小林　法人の目的には「未来を築く日本の青少年に対して、武道に関する事業を行い、人としての基本的資質の育成を通して、異文化コミュニケーションの実践的な担い手を育て、社会教育の推進に寄与する」とあります。具体的にはどんな活動をされているのでしょうか。

恵土　最初の活動は二〇〇六年、金沢百万石まつりの協賛事業として地元金沢で武道体験コースと題して、公開講座を開きました。その後も講習会を中心に活動をし、日本では佐賀、神奈川、東京などで開催しています。

小林　海外でも活動されているのですか。

恵土　オランダ、ドイツで開きました。とはいっても、これまでわたしが現職時代に縁があったところが中心です。たとえばオランダ。ルイ・フィタリス先生という世界大会で四回連続決勝の審判を務めた剣士ですが、その昔、金沢大学に私費で留学していました。その頃から熱心に稽古に取り組んでいましたが、そんな縁でオランダに行きました。

小林　なるほど。各地で講習会を行なっていますが、対象も中学生から一般までと幅広いようですね。

恵土　ええ、警察の術科指導者を対象とした講習会も行ないました。ただ、めざすところは一人でも多くの人たちに剣道を体験してもらいたいという気持ちが強いです。生徒・学生・成人を問わず、日本人として剣道経験を持つことは決してマイナスではない。二十一世紀の社会で国内外の人びとと明るく豊かに交流し、よりよく生きていくには自国の誇れる身体文化としての剣道を身につけておくことは重要ではないでしょうか。

剣道普及の実態と問題点　わたしが感じていること

小林　剣道の普及というとまっさきに人口を増やすことが思い浮かびます。一方、増やすことも大事ですが、やめさせない、つまり継続させることも重要です。

恵土　わたしも継続させることこそ大事だと考えています。たとえば平成十九年度中体連加盟校で剣道に取り組んでくれている生徒は約十万人です。このうち男子が六万六千人、女子が三万三千人。一見、多いように見えますが、軟式野球（三十万五千人）の五分の一、女子はソフトテニス（二十

万人）の六分の一です。まずはパイそのものが少ないことを認識し、この数をなんとしても減らさないという強い決心が必要ではないでしょうか。

小林　そうですね。神奈川県でも小中学生の剣道人口はだいぶ減っています。

恵土　中学で剣道をしていた生徒が高校で剣道を続けるのは約三割、さらに高校から大学に進んだときに続けるのはその三割という調査もあります。三年ごとに七割が剣道から離れていってしまっているのです。さまざまな事情から離れざるを得ないのは仕方ないとしても、これを六割にする、さらに五割にするといった方向で努力すれば、かなり改善されると考えています。

小林　道場で一所懸命にやっていた小学生が進学した中学に剣道部がないことで他のスポーツに流れることはよくありますね。どのスポーツでも指導者が不足していることはあるようですが、受け皿の整備は大事ですね。

恵土　子どもの剣道人口が伸びない要因はいろいろあると思いますが、わたしが思うに、末節にこだわった技術論、発育発達段階を踏まえない精神論が大きな要因になっていると考えています。

小林　末節にこだわった技術論というのは具体的にはどのようなものですか。

恵土　末節というよりかは「正しい面打ち」に代表される、理想の追いかけすぎです。そもそも剣道は複雑な動作がたくさん絡み合って成立しています。中級者、上級者でも運動原理にかなった打突をするのは容易ではないことは周知の通りです。

小林　確かにそうですね。欠点に気を使いすぎると前に進まなくなってしまう。

恵土　「正しい打ち方ができていない」「左足が横に向いている」「無駄打ちが多い」「面を打ったときに左肘が上がりすぎる」「打突時に左足が跳ね上がる」……。指導者であればだれもが口にしてしまうような欠点ですよね。昇段審査にあたっては、これらについて多少留意することが必要ですが、中学生くらいの年齢で最優先にしなければならない課題は有効打突の条件を満たす打ち方、身体の使い方を覚えさせることです。

小林　なるほど。

恵土　基本という言葉を『広辞苑』で調べると「物事がそれに基づいて成り立つような根本」と記されています。とすれば剣道から「打つ・突く・かわす」という動作を省くわけにはいきません。誤解をおそれずにいうならば、素振りや切り返しなどを省略しても面を打つ、面をかわす動作を身につけさせることが必要になります。

小林　ようするに素振りや切り返しはそれらの動作（打つ・突く・かわす）を身につけるためにも

っとも効果的な稽古法として実践されてきたわけです。いわゆる手段ですね。

恵土　そうそう。だから、それらを目的に行なってしまってはいけない。

小林　なるほど。

恵土　ようするに相手とのやりとりのなかで遠いところ、近いところ、きわめて接近したところからいかに打つのか、またいつ打つのか、かわすのかです。このような動作を覚えさせなければ基本ができているとは言えません。

小林　基本・間合がわかれば剣道がわかる、といわれる所以ですね。

恵土　そうです。とかく指導者は自分と同じ目線でみてしまいます。しかもほっといても剣道を続けるトップレベルに目がいきがちです。たしかにそういった生徒は吸収もいいし、教えがいがあるかもしれません。でも、本当に手をさしのべなければならないのは、明日にもやめてしまうかもしれない、卒業等で一区切りがついたらやめてしまうかもしれない生徒たちです。

小林　大学等の研究機関でそのような指導法に関する研究は進んでいらっしゃるのでしょうか。

恵土　残念ながら実践的・事例的研究が少ないのが現状です。せっかく大学には優秀な指導者がたくさんいるのですから、現場に役立つ研究を大いにしていってほしいと思っています。

剣道指導者の条件　ここだけは押さえてほしい

小林　剣道は、一言で表現すれば、何歳からでもはじめられ、何歳になっても継続でき、何歳の人とても修錬の楽しさを味わえるものです。その楽しさは相手がいなければ味わえないものであり、そこで人というものが重要になっていると思います。とくに幼少年は、指導者の影響力は大です。指導者のよしあしで剣道を続けるかやめるかを決めるといっても過言ではないと思います。

恵土　まったくその通りですね。日本の将来をになう青少年を指導するわけですから、単に剣道が強ければいいというものではありません。ほとんど剣道経験がなくても、あるいは弱くても立派な指導者になることはできます。

小林　愛好者が指導者に期待していることは実は強くしてもらうことだけではないですよね。

恵土　日本体育協会の『B級スポーツ指導者教本』は、スポーツ愛好者が指導者に対して期待していることを次のようにまとめています。態度・性格面では明朗であること、厳しさと優しさを備えていること、毅然とした態度がとれること、信頼が寄せられていること、情熱を感じられること、自分の感情をむき出しにしないことなどです。また指導面では、運動の楽しさ、おもしろさを教えてくれる、個人差について充分な理解をもっている、運動が下手な者に精神的な負担をかけない、教え方に工夫している、差別的な態度で指導しない、運動技能についての理論を的確に説明できるなどです。

小林　これが全部できていればパーフェクトですね。

恵土　いろいろ難しい条件が書いてありますが、生徒は自分の存在を認めてほしいのですね。それができることがもっとも重要ではないでしょうか。

小林　自分が認めると思っていても、相手が認められていると感じなければ意味がありませんね。

具体的な方法はあるのでしょうか。

恵土　私にはできませんでしたが、まず子どもの名前を覚えることでしょう。「君、君」ではとうてい認められているとは思えません。

NPO法人日本武道修学院は全国各地で講習会を行なっている

小林　新学期、教員がまずする仕事は名前を覚えることだそうですね。それは大事だなあ。

恵土　そして、ほめることです。指導者は生徒がいいタイミングで技を出したとき、すかさずほめるべきです。たとえば相手が居ついたところ、出頭を捉えたときなどが考えられますが、その際、高段者並のレベルを求めないこと。つまり対象者のレベルで評価することが必要です。そうすることでタイミングがよかったことを学習者に意識させることができます。

小林　認識させるためにほめるのですね。

恵土　そうそう。その際、「佐藤君、いまの面打ちはよかったよ、きれいだね」など個人名を入れて長所を指摘してあげます。「免許皆伝」なんていうのも効果的かもしれません。

小林　では、反対によくないことを指摘するにはどうすればいいのでしょう。「ダメ」といえば済むかもしれませんが、それでは発展がありません。

恵土　なにがいいのかを指摘してあげることです。「○○君、こうしたほうがかっこいいよ」などとですね。ただ、初級者の段階では正しくできなくて当たり前ですので、確実な打ち方にあまりこだわる必要はなく、よほどひどい場合に指導すればよいと考えています。

小林　努力している姿、指導された内容を少しでも実践している姿がみられたらほめよ、とも言われますね。

恵土　さすがですね。だから指導者は常に生徒たちの打突動作や技をよく観察し、いいところを見つける努力が必要なのです。いいところがないのではなく、見つけられないのです。実は指導者の技量ともいえます。わたしは東大で数年、稽古したことがあるのですが、理合にあった打突は無理によけるのではなく、打たせるようにすると自信をもってくれました。

小林　そうかもしれません。わたしも感じます。礼儀作法に関してはいかがですか？　きゅうくつにしすぎると子どもたちは離れてしまうし、しなさすぎると武道としての意味合いが薄れます。

恵土　最初は挨拶ができる、約束を守る、相手を思いやれる、それができれば充分ではないでしょうか。

小林　大人でもできませんからね。元気に挨拶ができ、約束が守れれば、おのずと相手を思いやる気持ちも生まれるでしょう。楽しく育てたいですよね。

恵土　剣道を続けてもらうことが大切なわけです。それを阻害することを指導者は極力、さけるべきです。だから目的は達成可能な範囲にすべきでしょうし、具体的に示してやることが大切です。

たとえば技術面でいえば「もう少しタイミングを速くしてみよう」「素振りを三十回やってみよう」などです。

二十一世紀の剣道　遊から技、技から芸へ

小林　恵土先生はかねてより剣道の取り組み方を三段階で示されてきました。遊・技・芸ととらえられています。最後にそのことについてお聞きしたいと思います。

恵土　初歩的段階では簡単なルールなもとに「打ち合いを楽しむ」、中級レベルでは現在のルールでいう「技を競うことを楽しむ」、そして最終的には「芸で遊ぶ」という考え方です。遊ぶという言葉に抵抗があるのであれば、「楽しむ」「修める」と置き換えていただいてもかまいません。

小林　なるほど。

恵土　学問分野でいえば小学校で習うのは「算数」であり、年齢が上がるにしたがい「数学」となり、さらに「微分積分・代数幾何」など分野別に学ぶようになります。書道でも小学校低学年で「楷書」を学び、学年が進むにしたがって「行

剣道の理念

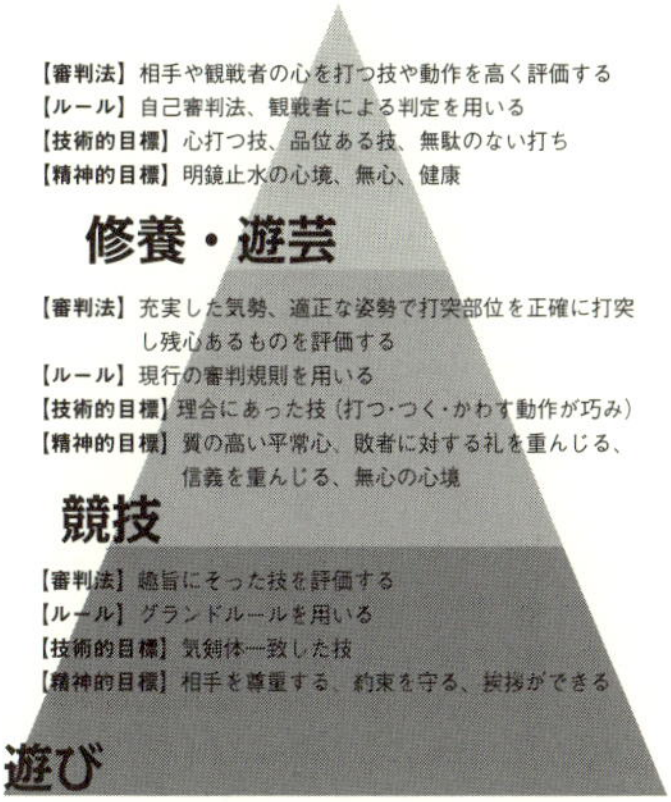
【審判法】相手や観戦者の心を打つ技や動作を高く評価する
【ルール】自己審判法、観戦者による判定を用いる
【技術的目標】心打つ技、品位ある技、無駄のない打ち
【精神的目標】明鏡止水の心境、無心、健康
修養・遊芸
【審判法】充実した気勢、適正な姿勢で打突部位を正確に打突し残心あるものを評価する
【ルール】現行の審判規則を用いる
【技術的目標】理合にあった技（打つ・つく・かわす動作が巧み）
【精神的目標】質の高い平常心、敗者に対する礼を重んじる、信義を重んじる、無心の心境
競技
【審判法】趣旨にそった技を評価する
【ルール】グランドルールを用いる
【技術的目標】気剣体一致した技
【精神的目標】相手を尊重する、約束を守る、挨拶ができる
遊び

21世紀の剣道指導・修養について（1996．11改案　恵土）

書」「草書」と学んでいきます。このような考え方を系統的学習と呼んでおり、剣道界においても系統的学習を取り入れてみたらよいのではと提案してみたのです。

小林 年齢の分け方は具体的にはどのようになるのでしょうか。

恵土 初歩的段階はおおむね小学校三年生くらいから中学校三年生くらいです。この段階での技術指導は「気剣体一致」の動作を身につけることを主眼とし、中学生になる頃、巧みさ、すなわち試合を加えていきます。

小林 精神面の指導はいかがですか。

恵土 保護者や教師、仲間との「約束を守る」「挨拶ができるようにする」ことが主眼です。その上で、指導していただける指導者や対戦相手に対し、「尊重する態度と思いやる態度」について指導します。

小林 中級段階はどうでしょう。

恵土 少し幅が広いのですが、高校生から四十歳台です。ここは「競技の世界」として指導します。この段階での技術指導は、理合にあった技術と動作を主なねらいとします。剣道技術の理合は、力学的、解剖学的、美学的、経済的、運動学的にかなった動作と理解してよいと考えています。

小林 たとえばどのような状態ですか。

恵土 出小手を打つ場合、相手の竹刀をかわしつつやや背を丸くし、腕を縮めながら正確に打ったとします。その打ちが有効打突の条件を満たしている技は理合にあった動作・打ちと考えることができます。逆にタイミングのよい技や心を打つ技でも、有効打突の条件を満たしていなければ、一本とすることはできません。

小林　抽象的、心情的な価値観の入る余地を少なくしているわけですね。

惠土　競技の世界では現行ルールの範囲内で、競技者のつちかった技と体力・精神力を存分に発揮させて勝ちを競わせるべきと考えます。たとえ無駄打ちが多くあろうが、相手の心を打つ技、あるいは風格・品位がきわめて希薄な技でも、有効打突の条件を満たしていれば一本とする。そうすることで混乱が比較的少なくなります。

小林　そうすると全日本選手権大会、全日本都道府県対抗なども競技の世界としてとらえるわけですね。

惠土　当然、賛否両論はあると思いますが、そうすることで混乱が少なくなると考えます。

小林　立派に勝つということはひとつの目標ですが、それは結果としてまわりが評価すること。まずは競技として全力を尽くす。

惠土　そうです。そして最後に競技の世界でつちかった巧みな技や体力、パワーを「修養・遊芸の世界」で昇華させます。ここでは相手の心や観衆の心を打つ技、あるいは品位・風格がにじみ出る技、無駄打ちのない技を目標とします。八段戦のクラスですね。東西対抗の終盤もそのような内容が期待されることになるでしょう。

小林　うまくつながっていますね。

惠土　無駄打ちをくり返して得た有効打突は賞賛されないし、競技の世界で通用しても、この世界では評価されない技が出てきます。このように整理すれば、ことさら品位・風格を若年層に求めなくてもよくなりますし、かたよった考え方もなくなると思います。

小林　われわれも修養・遊芸の世界にとっくに入っている年齢です。さらに修行せねばと身が引き締まりました。

（平成二十年九月十二日）

複雑怪奇な現代こそ武道が果たす役割は大きい

◆対談のお相手──

甲野善紀

こうの・よしのり／昭和二十四年東京生まれ。武術研究者。昭和五十三年に「松聲館道場」を設立。以来、独自で剣術、体術、杖術などの研究に入る。近年、その技と術理がスポーツ、楽器演奏や介護、ロボット工学や教育などの分野からも関心を持たれている。最近は、大相撲の力士や、日本を代表する柔道選手などとも、実際に手を合わせて指導をしている。二〇〇七年から三年間、神戸女学院大学の客員教授も務めた。著作に『剣の精神誌』（ちくま学芸文庫）、『身体から革命を起こす』（新潮社）など多数。メールマガジン『風の先、風の跡』http://yakan-hiko.com/kono.html

ねじらない、ためない、うねらない　身体全体に仕事をさせる

小林　知人に甲野先生に会いに行くことを告げるとうらやましがられました。先生は他流儀や異文化との交流を通していろいろなことを研究されていますが、『古武術で蘇えるカラダ』『古武術の技を生かす』など著作をいくつか拝読しました。身体を運用するのに「ねじらない、ためない、うねらない」ということを言われていますが、なるほどと思いました。

甲野　一般的な突きやパンチは足腰で踏ん張り、身体のねじりやうねりをきかせて出します。プロボクサーは胸部を見て、その起こりを判断するそうですが、うねりを感じるからでしょう。武術の場合、起こりを極力消すことが求められます。全身が予備動作なくいっせいに〝わっ〟と動き出すような働きです。そうすると、ねじったり、うねったりしてはいけないということになります。こんな感じですね（うねりを入れる突きと、入れない突きを実際に見せる）。

小林　ああ、確かにあとから突いたほうは起こりがわかりませんね。

甲野　大道芸に「南京玉すだれ」がありますね。竹製のすだれを持ち、唄にあわせて踊りながらすだれを一気に変化させて釣竿や橋などをつくりますが、そんなイメージです。

小林　巧みな芸人の南京玉すだれは起こりが見えませんね。

甲野　そうです。だから、ためてはいけないんです。引き絞られた弓、水をたたえたダムのような〝ため〟ならいいのですが、鞭を振るような、うねり系の動きの〝ため〟では起こりが見えてしま

います。これでは技といえる動きにはならないでしょう。

小林　同感ですね。僕は剣道をするとき、「色なく打て」と教えられたのですが、色なく打つにはあらかじめ準備しておかないといけません。

甲野　あらかじめ身体の各部位に連絡をつけておき、いざというときにいっせいに仕事ができる状態にしておけば瞬時に動くことができます。百万円を一人で準備するのはたいへんですが、一万人で担当すれば一人百円ですみます。そんな状態に身体でつくっておくことが大切なのです。

小林　打撃というとどうしても腕や手に目がいきがちですが、仕事をしているのはそこだけではありません。実は身体全体で仕事をしていますね。

甲野　そうです。だからねじらないし、ためないし、うねらないということになります。昔の術というのはそういうものだったと思うのです。技は、身体をいかに精妙に働かせるかを追求したものです。無駄のない精妙な動きの流れをつくることができれば、当然動きも速くなるはずです。

小林　剣道でも相手を見事に打ったときは無理・無駄がありません。

甲野　私は来年六十歳になりますけれど、速さも威力もいまが一番あります。それは、常に自分の動きをいいと思ってこなかったからだと思うのです。

小林　武道は生涯進化していくべきですからね。これら古武術の技をスポーツに応用している方もいますね。ラグビー選手を指導しているものを拝見しました。

甲野　私を取材した記録映画にあった、ラグビーボールの上に覆いかぶさっている相手を浮かせて排除する技ですね。たしかに普通に持ち上げようとしたらとても重くて持ち上がりません。あの映画でも、私が相手をひっくり返したら一瞬気まずいような沈黙がありましたね。常識的には不可能なあの状態からでも、足裏全体を床から浮かす感覚で身体を使えば相手を浮かすことができます。

小林　なるほど。

甲野　剣道では鍔ぜり合いが問題になっていますよね。いわゆるクリンチの状態が続き、十秒ルール、五秒ルールなどを導入し、改善をはかっているようですが、鍔ぜり合いになったら崩せるという技ができる人が増えれば、そんなルールはいらなくなりますよね。たとえば鍔ぜり合いに入った瞬間、このように手首を巻くように使って崩しをかければ、相手の身体は潰れてしまうはずです。こんな感じです（手本を見せる）。

小林　確かに崩れやすいですね。

甲野「あいつと鍔ぜり合いをすると必ず崩されるぞ」と言われる技を持っていれば、相手は警戒して離れるはずです。

小林　まったくそうですね。昔は足払いがあったので不用意に鍔ぜり合いに入ることはできませんでした。でも、いまは危険ということで禁止してしまった。その弊害もあるのかもしれないですね。

すばやい動きには丹田の作用が大事である

小林　ご存知だとは思いますが、剣道では丹田が大事だといわれています。高段者になればなるほど重視されていますが、先生も丹田の効用を『表の体育・裏の体育』で述べられていますね。

甲野　はい。丹田の重要性は昔からいろいろと言われていますね。私も運動の中心は丹田からだと思っていろいろ研究しましたが、なかなか進展がなくて……。ところが今年の五月、大きな発見がありました。

小林　ほう……。

甲野　刀の柄の握りを左右の手を寄せて持つようにしたら腹がいままでになく働いてきたんです。

小林　そうですか。

甲野　私は剣術は鹿島神流を学んでいたのですが、鹿島神流も柄を持つ両手は離すように教えています。ただ、私は松林左馬助が創始した夢想願立に関心があり、子孫の方に伝わる秘伝書を見せていただいたのですが、秘伝書に書かれている天狗はみな両手を寄せて柄を握っています。その他、さまざまな文献をあらためて、詳しく見てみると、多くの絵が両手を寄せて柄を握っているんです。

小林　確かにそうかもしれませんね。

甲野　私の場合、とくに関心のあった夢想願流の秘伝書を見た十数年前に、いろいろと手を寄せて刀を持つ工夫をしたのですが、どうしても使いにくくて、結局、鹿島神流の教えにあるように左手は柄頭いっぱいに握ってきたんです。

小林　それをつけて握るようにしたら、使いやすくなったわけですね。

甲野　忘れもしません今年の五月三十一日の深夜、「刀の柄は両手を寄せて持つものなんだ」と気がついたのです。そうしたら十五分ほどの間に背中が地殻変動のように動いてきて、自分でも「あれ?」という感じでした。手を寄せて振ると切り返しも速いし、打ち合っても負けない。手を寄せていると梃子《てこ》の原理がきかないから遅くなるし、弱くなると思いがちですが、打ち合っても強いし、それまで使っていた木刀よりも目方が重いものを楽に振れるようになりました。

小林 なにが原因なんでしょう。

甲野 はっきりとしたことはわからないのですが、腹で振れるようになったからだと思います。

小林 手を離して握ったほうが刀は振りやすいですよね。

甲野 普通はそうですね。ですから初心者などが初めて竹刀を持つと、つい手を寄せて持つのを指導者が必ず手を離して握らせます。腕が使いやすいからです。ただ腕が使いやすいということは腕を主に使ってしまうことになります。一方、腕が使いにくい、両手を寄せた握り方は腕が使えないので腹、つまり身体全体で振るしかないわけです。

小林 なるほど。

甲野 そうなると両手を離した柄の持ち方では刀を切り返すのもトレーラーがターンするようなまどろっこしさに感じられ、両手を寄せるとスポーツカーが急ターンするような鋭い動きになるのです。

小林 しかし、使いにくく握るとかえって使いやすくなったというのはおもしろいですね。

甲野 丹田に力が集まってくるような感覚が得られたからでしょう。「腹に力を入れろ」というと、いきむイメージを持ちがちですが、そうではありません。トイレできばるのとはまったく違います。腹圧を外に向けてかけるのではなく、外側から下腹の芯に向かって集まってくるような感覚ができるのです。頭でやろうとすると、いきんでしまうんですね。

小林　剣道を小さい頃から続けている人は自然と丹田に力が納まっていますね。実は私もほとんど意識したことはないんです。頭でやろうとすると違う結果になってしまう。

甲野　自然にできているのが一番でしょう。感覚的な問題になりますが、なんだかよくわからないけれど、腹の力がほどよく入っているのです。それで刀が使いやすくなりました。

小林　身体全体で刀を振る感覚ですね。

甲野　そうです。自分の腹、身体が直接剣を使っている感じです。

小林　剣道では「手で打つな足で打て、足で打つな腰で打て」と教えています。

甲野　気持ちの上でそのようなつもりで使うのと、それを現実に使うのでは大きな違いがあるはずです。私の体重は五十九キロですが、その体重で振っているとは思えない重さが出ます。私が振り下ろす竹刀を払いのけてみてください（実際に竹刀を振る）。

小林　たしかに重いですね。こういった使い方もあるのですね。

科学絶対主義への疑問　人間はもっと神秘的だ

小林　ところで甲野先生は科学に対して疑問をもたれていますね。

甲野　科学は本来、方法論のひとつなので過信すべきではないということです。科学的に観察するというのは、言葉で説明しようとするため、基本的にAのときにBはどうなっているのかという一対一の対応しかできないわけです。

小林　なるほど。

甲野　でも、効率のいい動きというのは同時並列にいくつものことが行なわれているのは周知の通りですね。打突動作だって手だけの動きではないわけですし、歩くにしても単に足が動いているわけではないです。いくつもの要素が複雑にからみあっているのです。

小林　機械でやろうと思うとたいへんなことも人間は普通にやってしまいます。

甲野　そうです。ごく普通の人でもマニュアル車の運転ができることからもわかりますが、同時並列の身体運用は、人間のごく普通な能力です。でも、そうしたいくつものことが協調的に行なわれていることを科学的に把握することはきわめて難しいというより原理的に不可能なのです。そのことはハイゼンベルク（物理学者）が「電子の位置を正確に測ろうとすれば、運動量が正確に測れなくなり、運動量を正確に測ろうとすれば逆に位置があいまいになってしまう」、つまり「あちらを立てればこちらが立たず、こちらを立てればあちらが立たず」ということから不確定性原理を発表したことでもわかると思います。

小林　わからないことがたくさんあるそうですね。

甲野　誤解を恐れずに申し上げるならば、現在の身体の科学は、その学問で理解できるレベルまで、人間の動きを論文を書きやすくするために引き下げている感じがしますね。なるほどウェイトトレーニングで筋肉がついたことは実証しやすいでしょうが、筋力という単純な能力でしかない、お山の大将がたくさんできて体全体がうまく機能するのでしょうか？

小林　二十歳代の頃、ウェイトトレーニングに取り組む同僚がいるなか、僕はまったくしなかった。剣道が強くなるには稽古したほうがいいと思っていました。

甲野　大相撲の大鵬親方もウェイトトレーニングをするよりも四股と鉄砲で相撲は身体をつくるべきだと言われていますね。単純に数字が変わるだけで結論を出すのはおかしいと思います。

小林　トレーニングに限らず、そういう傾向はあります。

甲野　政治でも経済でもそういう傾向があると思います。

小林　同感ですね。

甲野　人間の身体に関して付け加えると、実におかしなことも少なくありません。たとえば「朝ごはんをしっかり食べよう」です。現在は家庭が崩壊しかけていて、それをなんとかしたい、という観点から家族で朝食をとることを薦めるのであれば、納得しますが、食べないと身体に悪いというのは、ほかの動物の例を考えてみれば実におかしな話です。動物は冷蔵庫など持っていませんから、食料を取りに行く前に腹ごしらえなんてできません。腹が減ったくらいで動けないのであれば、もう絶滅しているはずです。そこが車とガソリンの関係とは違うわけです。

小林　日本人が三食になったのは遠い昔のことではないそうですね。

甲野　人間の命の働きとは驚くべきものがあるのに、それをすごく限定して、朝食をしっかり食べないと動けないなどという考え方は、生命の働きに対する冒涜のように感じられます。人間にとってなにが自然で大事か……。われわれは体験的に知っているはずなのに「科学的に見れば」と指摘されると、すごく臆病になってしまいます。

小林　人間にはまだまだわからないことがたくさんあるんですよね。

甲野　科学的に説明できないことがあるということを素直に認めるべきです。人間どころか、ヘリコプターがなぜ安定的に飛ぶかでさえもわかっていないそうです。わからないけれど、なぜかできているということは沢山あるんですよ。

あいつなら大丈夫　頼られる人間を育てたい

小林　先生の技は日常生活、介護にも応用されるようになっています。日常生活に生かしてこそ武道、武術であると思いますが、もともとそういったことを意図されていたのでしょうか。

甲野　いえ、武術の技を介護に用いるという発想はありませんでした。ただ、ある理学療法の人たちの勉強会に招かれたとき、座っている人を楽に立たせるやり方を質問され、その場で思いつきでやってみせました。その後、介護福祉士の岡田慎一郎さんという方が私の講習会に来て、武術の身体操作に非常に関心をもってもらったことがきっかけで本格的に発展しはじめたのです。

小林　介護福祉士は重労働、腰などを傷めている方も多いそうですね。

甲野　少しでもそうした介護の現状の助けになればと考えています。身体の使い方を工夫するだけで介護者の負担は大きく軽減されます。受けていただければ、おわかりになると思いますが、こんな感じで持ち上げると腰の負担はまったく違います（小林範士をかかえて起こす）。

小林　ああ、すっと上がりますね。

甲野　身体を上手に使えばむしろ介護は身体を丈夫にする、ほどよい運動に変わると思います。わざわざフィットネスクラブに通う必要はないんです。介護する側が楽になれば、介護される側も楽になります。そうなれば、介護される側もへんな気兼ねをしなくてよくなります。その方が「さすがプロですね」とでも声をかければ、介護者も仕事にプライドがもてます。介護で身体を動かしてその結果、丈夫になるのではなく、消耗するというのは、身体の使い方が悪いのです。

小林　身体への負担が減れば気持ちよく仕事ができるようになりますね。

甲野　ちょっと話は変わりますが、昔の人は仕事で身体をつくっていました。農作業にしても家事にしても身体をつくる場面がたくさんありました。私は単に身体を鍛えるトレーニングではなく、目的のある稽古や仕事で身体をつくることが大切だと考えています。仕事ですから今日も明日も明後日もやらなければなりません。だとすればなるべく疲れないように動かなければなりません。いま、大相撲でモンゴル勢が席巻《せっけん》していますが、彼らは数十年前の日本のように子どもの頃から家の手伝いをしています。仕事で身体をつくっていることにも、その強さがあると思っています。

小林　僕たちが子どもの頃は家の手伝いをするのが当たり前でしたからね。

甲野　トレーニングは仕事とはまったく反対で、はやく疲れさせようとします。疲れさせることで身体をつくろうとしているのです。ですから身体全体の協力関係がうまく育ちにくい。

小林　先生は神戸女学院大学の客員教授として学生の指導にもあたられていますが、それよりも下の中学生や小学生とも接しておられますね。彼らと接して感じていることを教えてください。

甲野　「近頃の子どもはしらけている……」などと言われますが、私はそうでもないと思っています。興味のあることを大人がやって見せれば、必ず関心を持ちますね。

小林　剣道でも楽しい先生にかかわれば、子どもは夢中になって取り組みます。

甲野　私がいつも若い人たちにいうのは「あいつに頼めば安心だ」という人になってもらいたいということです。たとえばトラブルが起こって謝りに行くとします。ご承知のように謝るということは、人間としての本質的な能力が問われます。必要以上にへりくだれば付け込まれるし、横柄だったら火に油を注いでしまう。しかし、謝り方が立派だと「雨降って地固まる」ではないですが、より良好な関係になるわけです。

小林　先日、神奈川県剣道連盟に昇段審査に関してクレームの電話があったのですが、担当した理事がすばらしい対応でむしろ良好な関係になりました。

甲野　最近は突発的に起きたことに対して、対応する力がすごく落ちていると思います。マニュアル化のせいか、店や電車などでも不測の事態にうろたえている店員や車掌が多いですよね。

小林　同感です。

甲野　次々と変わっていく状況にいかに対応していくか、どう動いたらいいいかを的確に判断していくというのは人として大事な能力だと思います。

小林　そこを養うのが武道ですよね。

甲野　日本の武道は間違いなくいいものを持っています。先人は試行錯誤してそれらをつくってきました。環境問題など現代は複雑怪奇な問題が山積みです。そういったものに立ち向かっていくにも武道が果たす役割は大きいと思います。

（平成二十年九月二十九日）

追記　対談から五年経って

この小林英雄師範との対談が行なわれてから、早いものですでに五年の歳月が経っている。この小林師範と対談をさせて頂いた時は、ちょうど私の刀の持ち方が、それまで三十年以上続けてきた左右両手の間を離して柄を握る一般的な方法から、左右の手の間を寄せた方法に変わって、ちょうど四ヶ月経った頃であった。この対談の日から四ヶ月前、私は岡山で雷に打たれたような衝撃と共に、刀（日本刀、木刀、竹刀等全て）は両手を寄せて持つものだという事に気づき、その夜以降、それまでの両手の間を離した刀の持ち方から、両手を寄せた持ち方になったのである。そして、僅かな月日の間に、その事に対する確信は揺るぎないものになっていたので、この小林師範との対談の折も、実際にこの使い方での私の刀を受けて頂いた。そして、これをきっかけに私がこの道に志した二十代の頃から夢見ていたことの一つである、昔の剣術の名人達人は現在の常識では信じられないほど迅速自在に真剣を扱ったであろうという事を再現するプロジェクトは始まった。しかし、真剣を竹刀と同等に迅速に扱うという話は、現在では剣道界のみならず、いわゆる古武道の世界でも聞いた事がない。そのため、どうやったらそれが可能なのか、まったく手がかりがないまま、一年過ぎ、二年が過ぎた。それでも、その間私は両手を寄せた持ち方で、指を開いて、ただ引っ掛けるようにするなど、様々な工夫を行なってきた。

その結果、二〇一〇年の春頃から、少しずつ今までになく真剣が体幹につれて迅速に変化するような兆しが見えてきて、忘れもしない二〇一〇年の八月十日、この夜、私は長年の武友である伊藤峯夫氏を招いて二人で研究稽古をしていたのだが、その時、私の持つ真剣で伊藤氏と表交叉で切り結ぶと見せ、瞬時に裏交叉に抜く「影抜」という技を行なっていたのだが、ある時自分でも信じられないほどの早さで真剣が相手の持つ刀を飛び越えて、裏交叉に入った。驚いて二度三度と試み、竹刀に替えて、また試みたりしたが、明らかに真剣の方が竹刀よりも迅速に相手の刀を飛び越えて反対に抜ける。

「そうか、日本刀が平安の後期から七百年以上、その姿を変えずに幕末まで伝承されてきたのは、ただ丈夫さと切れ味が良いからというだけでなく、この形状と重心位置からくる操作性の良さもあったのだ」と、私はその時深く確信したのである。そして三年、最近は相手の刀に向って私の持つ真剣が刃音を立てて、相手の刀と切り結ぶかと思わせる一瞬で相手の刀を抜くことが出来るようになった。そのため、「まるで相手の刀を通り抜けているように見える」とか、「手品を見ているようだ」などとも評されるようになってきた。なぜ、このような動きが可能になったかというと、それは刀と体幹部の関係は、最初から最後までほとんど変わっておらず、足や腰の働きによって、刀を持っている上腕部位から肩あたりを、そのまま足腰や背などで運んでいるからである。こうした動きが可能になったのは、私が最も愛読している武術書『願立剣術物語』のお蔭もある。その十一段目に、次のような事が述べられている。

「身之備太刀構ハ器物ニ水ヲ入敬テ持心持也。乱ニ太刀ヲ上ゲ下ゲ身ヲユガメ、角ヲ皆敵ヲ討…」

つまり手に持った刀を、腕を振り上げてさまざまに動かすこと自体やってはならないと戒めているのである。ついでに言えば、この『願立剣術物語』の巻末には、「病気之身之事」という、やってはならない体の動きが列挙されているが、それを読んでいると、現代の剣道では常識的に行なわれている事がいくつか含まれており、あらためて日本の伝統である剣の技術とは何かを考えさせられる。

（甲野善紀）

羽賀準一の剣道
生誕百年、師匠の教えを守り伝えていくこと

◆対談のお相手――
卯木照邦

うき・てるくに／昭和十八年、群馬県生まれ。高崎商業高から法政大に進み、神田一ツ橋の国民体育館（現共立講堂）にて羽賀準一の教えを受ける。以来、羽賀が没するまで師事。没後も羽賀道場で稽古を続け、初代会長園田直氏、前会長の張東緑氏に続き、一剣会羽賀道場の三代目会長となる。現在、公益社団法人日本犬保存会専務理事。著書に『もっとうまくなる！ 剣道』（ナツメ社）、『ニッポンの犬 日本犬の飼い方―楽しく暮らす「しつけ」と健康管理』（大泉書店）など。

プロ野球選手も通った　国民体育館の羽賀道場

小林　羽賀先生は中山博道先生の有信館で修行され、戦後、剣道の命脈を維持することに尽くされましたが、いったん剣道が復活し、組織化されると、ふたたび剣道家に戻り、稽古と後進の指導に専念されました。卯木先生は羽賀先生から直接指導を受けた門下生の一人ですが、まずは羽賀先生との出会いから教えてください。

卯木　わたしは群馬の高崎商業高の出身ですが、剣道部監督の中島庫吉先生からご紹介をいただいたのがきっかけです。高校三年の夏、進路を東京の大学ときめたとき、「剣道を続けるのなら羽賀先生に習え」といわれ、大学が決まる前に東京にご挨拶に行きました。

小林　進路が決まる前にご挨拶にうかがっているのですか。おもしろいですね。中島先生はなぜ羽賀先生のもとに預けたかったのでしょうか。

卯木　残念ながらそれをお聞きする前に鬼籍に入られてしまいました。ただ、わざわざ東京まで引率して紹介してくださったくらいですから、特別な思いがあったのかもしれません。

小林　昭和三十七年四月、法政大学に入学されました。

卯木　そうです。剣道部にも入り、朝は羽賀準一先生の道場にも通いました。しばらくは剣道部と両方の稽古を続けていましたが、高学年になってからは羽賀先生のところの稽古が主になっていました。

小林　羽賀道場は朝稽古でしたよね。

卯木　いまも朝です。羽賀先生は「朝、忙しい人間はいない」とおっしゃっていました。本人の心がけ次第ということだと思うのですが、もともと羽賀道場は昭和二十七年に全日本剣道連盟が発足し、千代田区神田一ッ橋にあった国民体育館を拠点に柴田万策先生、渡辺敏雄先生、湯野正憲先生らが指導するようになった全剣連の稽古会だったんです。それが経年する中で羽賀先生を慕って稽古に来る人たちが多くなり、いつしか羽賀道場と呼ばれるようになりました。

小林　東大の学生も通っていたそうですね。ＯＢの先輩方から羽賀先生のお名前をよく聞いていました。

卯木　一剣会羽賀道場の初代会長をお願いした園田直先生をはじめ東大の学生たちが通われていました。羽賀先生は正式の師範ではなかったようですが、東大の道場でも指導されていましたので、それが縁で通われていたのでしょう。初の防衛大臣になられた久間章生さんとは学生時代よく稽古をしたものです。

小林　卯木先生が入学した法政大学、そのほか、中央大学や芝浦工業大学の学生たちも通われていたようですね。わたしが驚いたのは、羽賀道場に来ていたのは剣道修行者だけではなかったという点です。読売ジャイアンツからは荒川博、広岡達朗、王貞治といった超有名選手も通っています。

卯木　竹刀による面打ちや真剣による巻き藁切りなどを通じ、手の内を勉強したようですね。王選手は打てなくなると羽賀先生のところに電話をしてきて指導をあおいだそうです。羽賀先生は「球は打つのではなく、斬るのである」と教えていたようです。その指導の様子は昭和三十八年の『週刊現代』の記事（巨人を快進撃させた意外な人たち）にも取り上げられました。他には高倉健や伊丹十三といった俳優たちが刀の遣い方を習いに来ました。わたしも一緒になって刀を振りました。

小林　羽賀先生には人をひきつける「なにか」があったのでしょうね。

卯木　稽古は本当に厳しかったですが、稽古から離れるとやさしかったですよ。面倒見がよかったと思います。過日、弟の羽賀忠利範士から羽賀先生の遺品をわたしに保管してもらいたいということで、それを取りにうかがいました。アルバムをひらくと学生が居合を抜いている写真などもたくさん貼ってありました。そこに「卯木君」とメモされた一枚を見たときはうれしかったですね。

小林　いい話ですね。

卯木　それと先生は稽古後、一言、二言、必ずアドバイスをくださいました。その続きが聞きたくて先生の武道具店についていくこともしょっちゅうありました。羽賀先生は「五分でよいから稽古を振り返れ」といつもおっしゃっていました。反省のない稽古に上達はないからです。

小林　第三者に指摘してもらうと欠点がよくわかりますからね。

卯木　自分のイメージと本当の姿はかけ離れていることが少なくありません。その伝統はいまでも続いています。

疲れたら呼吸を調えよ　根性稽古を強いなかった羽賀準一

小林　さて、羽賀先生の剣道についておうかがいしていきたいのですが、どのような剣道だったのでしょうか。神奈川にも羽賀先生の門下生がおり、わたしも何回か稽古をしたことがあります。

卯木　高校卒業後、羽賀先生から剣道を習ったわけですが、これまでとはまったく違った内容が求められました。スピードに頼るな。気攻めと間に重点を置き、大きく振りかぶって打つことを基本とし、先生にお願いするときはもとより、互格稽古、試合でもそれが求められました。群馬からインターハイに出場した当時のわたしの剣道は速さと巧さで勝負していましたので、一種のカルチャーショックを覚えました。

小林　稽古は厳しかったそうですね。

卯木　まずは面打ち・体当たりでした。年齢にもよりますが、五回から十回、面打ち・体当たりをくり返し、それから切り返しに入りました。

小林　体当たりはいいですね。わたしも若い頃、かなり受けてもらいました。

卯木　体当たりで剣道の基本ができると思います。打ち間もわかるし、身体の運用も覚えられます。できるだけ床と水平に移動し、体当たりのときも頭を前傾させず、腰からぶつかっていきます。この動作をくり返すことで平行移動が身につけられます。羽賀先生は「打ち込むときの体は垂直」と強調されていました。

小林　頭からぶつかっていく体当たりは危険ですね。

卯木　遠くから速く打とうとするとどうしても前傾します。その分、速く打てるかもしれませんが、腰が引けて足が残ります。

小林　切り返しについてはいかがですか。やはり「大きく」が基本ですか。

卯木　一般的に行なっている切り返しと変わりませんが、やはり「大きく、大きく」ということを言われていました。加齢とともにどうしても技は小さくなるので、若いうちに大技を覚えておきなさい、という教えだと思います。

小林　確かに小さい技は教えなくてもできますね。大きく使うことで技の構造などを覚えられます。羽賀先生への稽古はもっぱら打ち込み、切り返し、かかり稽古だったと思うのですが、そこで大きく使うとなると、さぞ苦しい稽古だったのでしょう。

卯木　もちろん苦しい稽古でしたが、先生はいわゆる根性稽古は強要しませんでした。元立ちがいつまでも「ほれ、もっと」と引っ張るようなことは決してしませんでした。疲れたら「まいりました」と申し出てすぐに呼吸を調えました。そしてすぐに次の稽古です。

小林　時間にすると一分から二分くらいでしょうか。

卯木　そうです。稽古は相手と対峙する間を短くしての打ち合いですからすぐに息が上がります。五分も十分もダラダラとやることはありません。というよりそれができない。かかり稽古では一気に二十本から三十本くらい打つような気持ちでかかっていきます。

小林　いまではほとんど行なわれなくなった片手技も残っていますね。

卯木　技は相手の隙に応じて出すものですので、打てるチャンスにその技を出すということです。片手横面も立派な技ですから機会がくれば出します。特に、この技は若いうちに覚えておかないとできない技ですので、それを覚えるために片手横面の切り返しを行なっています。左右の足さばきの稽古にも有益ですし、予想外のある稽古が楽しめます。

小林　わたしが若い頃は遣う先生もたくさんいらっしゃいましたが、あまり見られなくなりましたね。鼓膜の保護のためでしょうか。

卯木　当道場では耳に綿や耳栓をつめて鼓膜を保護しています。たとえ鼓膜が破れることがあっても再生しますからあまり心配することはありません。

小林　歩み足も見られなくなりました。これは小野派一刀流の宗家笹森建美先生も指摘されていました。

卯木　日本剣道形は歩み足です。もちろん送り足のほうが有利なときもありますが、歩み足のほうが有利なときもあります。小さい人間が大きい人間と互角に渡り合うには歩み足は有効です。体の自然な運用には欠かせない運歩です。

小林　遠い間合なら歩み足、近い間合なら送り足と適した使い方があるはずですが、ワンパターンになる傾向がありますね。わたしは理合にのっとっていれば評価したいのですが……。

卯木　理論に矛盾があります。なぜつかわれなくなったのか不思議です。

小林　いまも組み打ちも行なっていますね。

卯木　組み打ちをとくに推奨しているわけではありません。膠着状態、どちらかが竹刀を落としたときなど、武道として実践する剣道人のたしなみとして行なうということです。

小林　羽賀先生、中島五郎蔵先生とともに有信館三羽烏と呼ばれた中倉清先生も柳生の講習会で行なっていました。

卯木　剣道も格闘技ですから油断をするなということです。竹刀を落とされても、最低限の対応はできるという気構えです。羽賀先生は冬場、気の鍛錬といってよく行なっていましたが、決してねじ伏せるようなことはしませんでした。

剣道は表芸、居合は裏芸　剣居一体の修行を求める

小林　羽賀先生は有信館で中山博道先生に師事し、修行されました。羽賀道場でもその流儀を引き

継ぎ、剣居一体の修行をいまでもされています。

卯木　羽賀先生は「剣道は表芸、居合は裏芸。居合の抜きつけ、納刀以外はまったく剣道である」と説き、居合は剣道の一部ととらえていました。

小林　わたしも段は取りませんでしたが、居合をやっていました。いまは、剣道は剣道、居合は居合という風潮で、そこに疑問を覚えています。

卯木　剣道は打ち合うので、悪いところは打たれて教えてもらえます。しかし、居合は相手の存在がなく一人でやりますので、打ち間がわかりづらい。そこに問題があると思います。

小林　刀の振り方についてもだいぶ変わってきているようですね。

卯木　居合は刀の舞ではなく、常に斬るということを根底にしていなければなりません。振りおろすとき音を出すのが趨勢になっているようですが、鈍い音は空気抵抗を増すだけで物は斬れません。刀は頭上で肘を張り、手元から引きおろして絞ると剣先が反転します。これを「剣の復活」といい、大切にしています。

小林　流派は大森流と長谷川英信流でしたね。

卯木　そうです。刀の納まりは「水平、直角」を基本としています。これも斬ることを前提とした所作からきているものです。練達度によって刀法に差異がでますが、味わいが深まります。

小林　刃引や模擬刀ではなく、すべて真剣を使っているそうですね。

卯木　羽賀先生がご存命の頃、刃引はありましたが、模擬刀はまだありませんでした。刀法の修錬の方法を集約しているのが羽賀道場の剣道ですので、居合は真剣で行なっています。学生や入門して間もない会員が使用するもののみ、当道場で保管している刃引を使うようにしています。

小林　真剣ですから、真剣にならざるを得ませんね。

卯木　わたしは大学入学と同時に羽賀道場に入門し、そのときはじめて真剣を親から買ってもらいました。はじめて刀を手にしたとき、身の引き締まる思いをしたことをいまでも覚えています。

小林　そうでしょう。あの感覚はやはり特別です。

卯木　羽賀先生は剣道具店を営まれていたこともあり、刀や剣、道具を非常に大切にされました。真剣は扱い方を誤ると命を落とす危険性すらあります。自分はもとより、まわりで稽古をする人をも危険な状態にさせてしまいます。まわりで稽古をする人たちをふくめ、ケガのないよう細心の注意を払うべきと教えられました。

小林　年に数回、試し斬りも必ずされていますね。

卯木　実際に斬る体験を通して「手の内が理にかなっているか」「刀の振り方が正確であるか」など技術的な項目を確認する意味があります。現在は、夏合宿の折など年二回から三回のペースで行なうようにしています。

小林　斬るのは巻き藁ですか。

卯木　そうです。試し斬りは巻き藁をつくる作業からはじめます。昔は米俵など巻き藁の材料が日常生活のなかにありましたが、現代はほとんどありません。藁のむしろを巻いてつくる巻き藁の作成方法も次の世代に伝えておく必要があると考えています。直径十五センチくらいの巻き藁一本が人間の胴体に相当する手ごたえといわれています。

小林　斬るときに注意すべき点はなんでしょう。竹や畳表を斬ることもありますが、斬り味はそれぞれに違います。
卯木　やはり手の内と刀の振り方です。初心者は斬るというより叩いてしまいます。どのような使い方をすれば斬れるのかを身体で覚えることが目的ですので、そこを意識して行なうようにしています。
小林　最近は巻き藁や畳表を斬るための刀もあるそうですね。
卯木　あります。巻き藁や表畳を斬るために専門に作られた刃肉の薄い刀は本当によく斬れます。でも、うちは斬ること自体が目的ではなく、手の内や刃筋を覚えることが終極ですので、侍が使っていた当時のままの刀を使用しています。そのため手の内や刀勢に欠点があるとなかなか斬ることができません。
小林　なるほど。
卯木　試し斬りは、斜めに斬る袈裟斬りと横にした据物斬りを行なっています。右上から左下への表袈裟は比較的うまくいきますが、左上から右下への裏袈裟は難易度が高いものです。初心者は据物斬りから始めます。刃筋が通らないと刀を曲げてしまうからです。

羽賀準一の遺言　一年三百六十五日をどう生きるか

小林　羽賀先生は明治四十一年生まれ。ご存命なら百歳になられています。没後、四十年が経ったいまも、羽賀先生の剣道を受け継ごうという人がいるのはすごいことだと思います。

卯木　昨年十月、「生誕百年を祝う会」を行なったのですが、実際、羽賀先生に教えを受けた人間は少なくなっています。でも、ありがたいことに入門を希望する人は少なくありません。わたしも羽賀先生に実際に稽古をいただいたのは五年くらいです。それでも羽賀先生が亡くなられたあと、他の先生につこうという気持ちにはなりませんでした。

小林　「三年かけても良師を求めよ」という教えがありますが、まさに良師との邂逅《かいこう》があったわけですね。

卯木　いま思えば一期一会のめぐり逢いで運命的なものを感じます。先生に対して失礼な表現になるかもしれませんが、相性というのもあると思います。わたしの場合、それがぴったりときました。「これが本当の剣道だ」と心から思い、現在に至っています。わたしは大学卒業後、飯田橋で飲食店をはじめました。これも羽賀先生から「卯木にサラリーマンは合わない。小さくてもいいから自分の仕事で生きろ」とすすめられたからです。飯田橋をえらんだのも、朝稽古に出やすいからです。稽古を中心に職業を選択したともいえます。

小林　いまは社団法人日本犬保存会の専務理事というお仕事をされていますが、こちらも羽賀先生の影響ですか。

卯木　幼少の頃から生き物が好きで、日本犬は高校時代から飼っていました。ずっと会員になっていたわけですが、あるとき、保存会の手伝いをしてほしいということになりました。それで飲食店のほうは女房にまかせ、こちらにきました。この仕事につくにあたっては、羽賀先生と直接関係はありませんが、仕事をするについては羽賀先生の教えが大いに役立っています。

小林　たとえばどのようなことでしょう。

卯木　日本犬保存会は、わかりやすくいうと日本犬に関する統括団体で血統書を発行し、展覧会を開催する等、全国に支部を作り、世界の国々に友好団体を作って活動してます。当然のこと仕事は多岐にわたりますが、人の集まりであり種々の問題が起こります。一歩引いて聞いたほうがいい場合、あえて攻めていったほうがいい場合など、ケースバイケースですが、決断の連続です。そのやりとりはまさに剣道です。

小林　攻めが強い人、守りが強い人、タイプはさまざまですからね。交渉を剣道になぞる人はたくさんいます。

卯木　羽賀先生は、わたしたちが学生の頃、「君たちは剣道の専門家になるわけではない。勝敗より社会に出て通用する人間になりなさい。そのために剣道を学ぶべき」とよく言われていました。その教えのもとで稽古を続けて五十年。今ではそれを伝える年になりました。

小林　わたしも東大で師範をしているので、そのことは強く感じます。彼らの将来につながる剣道とはなにか……。それをよく考えます。

卯木　羽賀先生は「大学で指導すべきは心の問題」と常々言われていました。大学生は大人です。剣道を心の問題としてとらえ、静中動、動中静、呼吸などの問題をしっかりと勉強し、社会の一員として、実社会の勉強をすることが大切なことであり、その基礎を剣道で学ぶことを推奨されていました。

小林　余暇としての剣道であれば、心を耕すような内容にならなければならないわけですね。

卯木　だから日常を大切にされたのだと思います。「試合は一年に数回、たしかにここで結果を出すことも大事だが、一年三百六十五日をいかに生きたかはもっと大事だ」と教えていただきました。社会人は一日一日が真剣勝負です。学生の頃はなかなかわかりませんでしたが、いまはよくわかります。

（平成二十年十二月十八日）

年齢を自覚して挑戦することこそが尊い

◆対談のお相手――

髙﨑慶男

たかさき・よしお／大正十二年茨城県生まれ。石岡農学校卒業後、昭和十六年から十九年まで母校高浜小学校の代用教員を務める。昭和二十七年、関東銀行入行。取締役本店営業部長、取締役経理部長などを歴任。昭和六十二年、六十四歳で退職。平成九年十一月、八段合格。平成十九年五月、剣道範士授与。現在、全日本高齢剣友会会長、茨城県剣道連盟相談役、戸頭剣友会師範。平成二十五年の全日本剣道演武大会で剣道範士の部で最終の立合をつとめた。

七十四歳で八段合格　二人の恩師に導かれて

小林　髙﨑先生は昨年より全日本高齢剣友会の会長を務められていますが、神奈川にもつい先日、高齢剣友会の会合でこられました。みなさん、とにかくお元気で、剣道の素晴らしさを再確認しました。

髙﨑　今年で八十六歳になるのですが、まさか自分が会長職に就くとは思ってもみませんでした。ただ、長年にわたりお世話になった組織ですので、そのご恩返しと思い、お引き受けしました。

小林　髙﨑先生は戦後、関東銀行に入行され、以来、潮来、江戸崎、古河支店の支店長をつとめ、最後は取締役で定年退職を迎えられていますね。八段審査は、定年退職をされてからの挑戦とお聞きしています。

髙﨑　そうです。剣道は細々と続けてはいましたが、とても審査を受けるというレベルではなかったし、その覚悟もありませんでした。そうしたなか、退職後、六十五歳で京都国体の茨城県代表、翌年の北海道の国体選手にも選んでいただきました。六十五歳、六十六歳の大将はもちろん最高齢です。

小林　なるほど。それで八段審査に挑戦する気持ちがかたまったのでしょうか。

髙﨑　わたしは十歳から剣道をはじめたのですが、県代表として試合に出させていただいたのは初めてのことでした。五十五年目にしてつかんだひのき舞台です。八段への意欲も、それが契機となっていたと思います。

小林　わたしはいつも思うのですが、剣道は息が長いですよね。だから五十歳、六十歳、七十歳と年齢を重ねていったときが勝負だと思うのです。「昔の剣道はよかった……」と残念がられるような剣道はしたくないと思っています。

高﨑　わたしの場合、現職時代、なんら戦績はないのですが、昨日より今日、今日より明日という気持ちはありました。

小林　戦後、剣道を再開されたのは三十五歳のときでしたね。

高﨑　昭和二十年まで兵隊にいっていて、戦後のどさくさのときはとても剣道をやれる状況ではありません。それで昭和二十七年に関東銀行に入り、潮来支店にいたときでした。昭和三十三年だったと記憶しています。

小林　再開はどんな理由ですか？

高﨑　わたしが住んだ寮の前が麻生高校という学校だったのですが、そこから懐かしい気合と竹刀の音が聞こえてきたんです。運動といえばゴルフを少々たしなむ程度だったのですが、やはり剣道をしなければいけないという気持ちになりました。それで高校生の稽古に入れていただいたのですが、いま茨城で居合道範士として活躍されている小林忠雄先生は当時、麻生高校の剣道部でした。

小林　潮来支店への転勤がなかったらどうなっていたかわかりませんね。

高﨑　不思議な縁です。それから四段、五段、六段といただき、七段になるには六段から十三年かかりました。これは仕事の関係なのですが、なんとか細々と続けていました。

小林　やはり続けることが大切ですね。それが昭和六十三年の八段一次審査合格につながっていると思います。

髙﨑　自分ではよくわかりませんが、とにかく二人の先生にご指導をいただいたことが大きかったと思います。一人は相知館の今井三郎先生、もう一人は東武館の宮本忠彦先生です。

小林　どんなご指導でしたか？

髙﨑　今井先生はとにかく剣先が強く、常に圧力がかかりました。対峙しているだけでどうにもならないというか、これが専門家の剣道なのかと身をもって感じました。

小林　なるほど。

髙﨑　攻めて勝って打つ……。攻めて待つということにもなると思うのですが、圧力がすごいので引き出されてしまうのです。それで出ばなをポンと打たれてしまう。打たれた自分がほれぼれしてしまうような遣い方で、わたしもなんとか身につけたいと思ったものでした。今井先生から言葉で指導されたことはほとんどないのですが、「剣道は美しくなければならない」「剣道は強くなければならない」「剣道はうまくなければならない」、この三つのことはよくおっしゃっていました。そして、この三つができたとき、「八段には自然と合格するもの」と強調されていました。

小林　宮本先生はいかがですか？

髙﨑　宮本先生は小さい頃から「水戸の小天狗」といわれたように、いわゆる名手でした。月例の稽古会に行くと必ず「髙﨑さん、一本やろう」といちばんに指名してくださいました。

小林　髙﨑先生をなんとしても合格させたいというお気持ちがあったのでしょう。

髙﨑　ありがたいことです。宮本先生とは京都大会でも宿をご一緒させていただいていました。八段を受けるにあたり、先生のお言葉でなるほどと思ったのは「無駄を捨てる」ということでした。

小林　大事ですね。

髙﨑　これは先生ご自身があるお坊さんから教えていただいたことであり、先生はこの「無駄を捨てる」という教えを受けたあと、八段に合格されました。宮本先生も合格されるまでは相手を打つことばかりを考えていたそうです。それが自分の気負いや迷いになり、失敗されたそうですが、この教えを受けたとき、気持ちが入れ替わったそうです。わたしも一次審査に何回か通っていたこともあり、いつのまにか気負いみたいなものがあったようです。この教えで肩の力が抜けました。

小林　そして平成九年十一月、七十四歳と十一ヶ月で見事、八段に合格されました。合格率一・四六パーセントという狭き門でした。

髙﨑　実は八段審査は七十五歳で最後にしようと思っていました。つまり、これが最後です。家内もはじめて審査につれていき、わたしがどんな審査を受けているのか、見てもらいました。二次発表の瞬間、家内が飛び上がってよろこんでくれた姿を下の会場からながめていて、なんとも言えぬ感動がこみ上げてきたのを覚えています。

稽古は一ヶ月に十回　このペースを遵守する

小林　現在の稽古環境をおうかがいします。七十四歳で八段になられ、八十四歳で範士を授与されています。八段に合格されてからの十年の修行はいかがだったのでしょう。たいへんなご努力があったと推察いたします。

髙﨑　まさか範士をいただけるとは考えてもおりませんので、たいへん名誉なことと受け止めています。ここ数年、稽古は一ヶ月に十回程度と決めるようにしました。

小林　細く、長くですね。主な稽古場所を教えていただけますか。

髙﨑　地元取手の戸頭剣友会、茨城県剣道連盟の月例稽古、衆議院道場での高齢剣友会の稽古、松風館の高段者稽古会ですね。ホームグラウンドでもある戸頭剣友会は取手市でいちばん子どもの数が多いところです。子どもたちと稽古をしたいので、そこを優先してスケジュールを組むようにしています。子どもは剣道界の宝です。稽古したときは、子どもに面を必ず七本から十本打たせるようにしています。

小林　わたしも鎌倉の鶴岡八幡宮で少年剣道に携わっているのですが、この少子化時代、剣道をやってくれる子どもたちは貴重ですよね。

髙﨑　まったく同感です。わたしは昭和十六年から十九年まで代用教員として小学生を教えていた経験もあるのですが、教育は国家の基幹にかかわるものです。剣道がその一端を担っていると思うのですが、先生はどう思われますか？

小林　剣道を正課にしている幼稚園が神奈川にあるのですが、あの授業を見ていると本当に剣道がもたらす効果は大きいと思いますね。背筋をピンと伸ばし、大きな声で竹刀を振る子どもたちを見ると、うれしくなります。

髙﨑　わたしは子どもに対してもしっかりとした剣道をしたいと思っています。しっかりというのは気の張った剣道です。それができなくなったとき、竹刀をおくときだと思っているのですが、けっこう蹲踞からいい加減な方がいませんか。

小林　残念ながら少なくないですね。着装に関してもそうです。

髙﨑　面紐がそろっていないのも気になりますね。やはり立派な方は着装もいいし、身なりもちゃんとしています。だから、着装には気を使っています。

小林　基本的な事項ですからね。きちんとした着装で蹲踞をし、立合に入ると見栄えがします。

髙﨑　そこから気をつけておけば、相手も真剣にかかってきてくれます。相手がどう感じるかはわかりませんが、そこを大事にして、攻めて乗って勝つという剣道を心がけるようにしています。

小林　先生はいまでも元に立つと、長いときは一時間半ずっと立っておられるそうですね。これはなかなかできないことだと思います。

髙﨑　松風館の高段者稽古会のことですね。あの稽古会はたくさんの八段が元に立ちますが、六段以上の方が常時四十人から六十人くらい集まります。関東地区はもとより東北地区、北信越地区など遠方からもたくさんの人が目的意識をもって足を運ばれています。それに応える意味でもしっかりとした稽古をしなければならない。そんな気持ちで稽古をしています。館長の岩立三郎先生からは「先生、無理しないで」と心配されていますが、幸せなことです。

小林　元に立つ者としてはやはり「もう一度、稽古したい」と感じてほしいものですね。それは単にやさしく稽古をするということではなく、相手の技量に合わせ、目的に応じた稽古ができることが大切だと思います。

髙﨑　今井先生、宮本先生に教えていただいたことが少しでも実践できればと思っています。両先生のようにはなかなかいきませんが、そこを求めて稽古をするようにしています。

わたしの健康法　一読十笑百吸千字万歩

小林　先生は今年、八十六歳になりますが、当然、健康にも配慮されていると思います。その秘訣を教えてください。

髙﨑　秘訣というほどのものではありませんが、杏林大学名誉教授である石川恭三先生が提唱している「一読十笑百吸千字万歩」という生活リズムは意識しています。一読というのは、一日一回は短くてもよいから文章を読むことです。新聞の社説や「天声人語」「編集手帳」など、優れた文章のほうがいいと思います。本もいいですよね。わたしには暇という特権があるので、なるべく本も読むようにしています。

小林　十笑というのは一日、十回笑いましょうということですね。

髙﨑　そうです。これも意識していないとなかなかできませんが、笑うといろいろな効果があるようですね。

小林　わたしも専門家ではないので正確なことはいえませんが、ストレス発散にはいいようですね。笑うことで臓や肺を刺激し、より空気を取り入れるようにする効果があるそうです。それが緊張をとることにもなり、体をリラックスさせてくれるそうです。

高﨑　なるほど。やはりお医者さまのいうことは間違っていないのですね。

小林　百吸というのは深呼吸のことですか？

高﨑　そうです。剣道はもともと腹式呼吸を推奨していますから、同じことがいえるのではないでしょうか。

小林　千字というのは、一日千字を書くことですね。これもなかなかたいへんな気がしますが……。

高﨑　そうでもないですよ。たぶん小林先生も自然と実践されていると思います。日記でも短歌でも俳句でもなんでもいいんです。気になったことを千字は書く。個人的には葉書がいいと思います。なにかお世話になったら葉書を出す。これを習慣にしておくとすぐに千字は書けてしまうと思います。五十円で健康になり、お相手に気持ちを伝えることができるのですから安いものです。

小林　最後の万歩は一日一万歩ですね。

高﨑　とくに一万歩を義務付けているわけではないですが、まずは身体を動かしましょうということです。加齢とともに外出するのがおっくうになりますが、それはよくありません。

小林　先生はいまだ電車を利用されて移動しています。この対談も電車でおこしいただいていますが、電車に乗るのもたいへんになっていきますね。

高﨑　場所にもよりますが、稽古は電車も利用しています。松風館に行くときも取手から新松戸まで電車で通っていますし、そのほうが便がいい。

小林　どこか悪いところはおありではないのですか？

髙﨑 腰は痛いです。整体に行き、マッサージをしてもらっていますが、そのほかはおかげさまで大丈夫です。こんな頑丈な身体をつくってくれた両親に感謝しています。子どもへの愛情は山より高く、海より深いといいますが、本当にその通りだと思います。

小林 まったくその通りですね。

髙﨑 わたしは太平洋戦争のとき、中国にいました。阿鼻叫喚、銃弾のなかを生きながらえました。戦死した仲間もたくさんいるので、生かされていることが本当にありがたいんです。その分、生きていることの大切さを知っているつもりですし、一日を大切にしようという気持ちをもっています。その思いが今日まで健康に導いてくれたのかもしれません。

仲間を大切にしよう　無理なく稽古を続けよう

小林 先生は生涯剣道のモデルのような生活をされていらっしゃいますが、最後に後進へのアドバイスをいただきたいと思います。

髙﨑 わたしは趣味で剣道を続けてきました。人よりは余計に生きていますが、それを押しつけるつもりはありません。でも、世の中は新しいものと古いものからできており、人間は新しいものも古いものも大事だと思います。そこからなにかが創造されていくはずです。

小林 稽古がまさにそうですね。先生方の教えを授かるために稽古をする。練習ではありません。

髙﨑 生涯とは人が生まれてから死ぬまでの期間の一瞬一瞬であり、途絶えることなく続いているものです。だから生涯剣道というのであれば、剣道を生涯の友として愛し、続けていくことだと思います。わたしは幸いにして剣道という「一生もの」に出会い、「一張羅」として大事にしてゆくことを生きがいとすることができました。とても幸せなことと感謝しているんです。

小林　確かに一生大事にしていこうというものに出会えたことは幸せなことですね。剣道がある人たちは定年退職後もいきいきとしています。

髙﨑　そうですね。高齢剣友会の会員の方々にもたくさんそういった方がおられます。

小林　毎年六月の全日本高齢者武道大会は盛況ですね。

髙﨑　過日、心理学者の河合隼雄さんが「年齢に括弧を入れる」ということを勧めていた文章を読みました。つまり「年齢を忘れる」のではなく、年齢を自覚してなにかに取り組むことが大切というのです。なるほどと思いました。続けて「人生の余熱を発揮することは冷めない情熱を世の役に立てることでもある」と言っておられました。まさに高齢剣友会が担う役割だと膝を打ったものです。

小林　年齢を忘れるのではなく、自覚することですか……。アンチエイジングがもてはやされているなか、示唆に富む教えですね。

髙﨑　老いは時間がもたらす必然のことであり、受け入れなければならないものです。わたしは大好きな剣道を生涯の糧とし、「礼にはじまり、礼に終わる」という剣道を次世代に伝えていければと考えています。

小林　具体的に六十歳からの剣道で気をつけるべき点があれば教えてください。

髙﨑　三つあると思います。「仲間を大切にすること」「無理をしないこと」「続けること」です。

小林　まず仲間を大切に……ですね。

髙﨑　そうです。気持ちよく集まり、気持ちよく汗を流すことです。剣道を愛好する人間の集まりですから、来ている方がそれぞれ満足感を得られることが大切です。「無理をしないこと」というのは、加齢を忘れるのではなく、自覚して相談しながら稽古をしましょうということです。昔の動きを身体は覚えていますが、実際には動きませんから。

小林　そして「続けること」ですね。

髙﨑　継続は力なりです。剣道の四病の克服に挑戦しながら素晴らしい一本の技を求めることが大切ではないでしょうか。わたしは大切な仲間とともに、その一本を求めて剣道を続けていきたいと考えています。

（平成二十一年一月二十三日）

剣居一体の修行
長い刀は短く使うということ

◆対談のお相手――

伊藤知治

いとう・ともはる／昭和二十三年山梨県生まれ。都留高校卒業後、警視庁に奉職。剣道特練員として稽古に励むと同時に、居合も学ぶ。特練員をおりたのちも剣道・居合の修行を続け、剣道教士八段、居合道教士八段となる。平成十七年には箱根の居合道全国選抜八段戦で優勝を果たす。警視庁剣道教師、警視庁逮捕術主席師範などを歴任。現在、東京修道館師範。

剣道指導者は他の武道も追求せよ

小林　伊藤先生は剣道も居合も教士八段。どちらも八段に合格されている先生は昨今、とても少なくなっています。

伊藤　いえいえ、どちらも中途半端なんですよ。ただ、どちらも好きで続けてきたことは確かです。

小林　好きこそものの上手なりけりですね。わたしは神奈川県警の特練員時代、菊池傳先生から週一回習っていたのですが、結局、居合の段位は取得していません。伊藤先生の居合との出会いは警視庁に入ってからですか。

伊藤　そうです。警視庁の武道専科は居合が必修でした。指導は棚谷昌美先生（居合道範士九段、剣道範士八段、杖道範士）です。卒業までに初段を取ることが定められており、わたしも初段を取りました。居合もいいなと思っていたとき、担当師範の佐藤博信先生が「剣道指導者であるからには、剣道だけでなく、居合、あるいは杖、あるいは古流、どれでもいいから剣道以外のものを続けることです」と話されました。武道専科の卒業式のことです。ご存知のとおり佐藤先生は居合も範士八段、当時は七段だったはずです。先生自身が有言実行されていましたので、先生のお言葉で居合を続けてきました。

小林　専科を終えてから続ける人は他にもいましたか。

伊藤　杖を始める者、居合を始める者がいました。居合は五段まで取得した仲間がいましたが、そのあとは……。

小林　よほどの覚悟がないと続かないですよ。続いた理由はなんでしょう。

伊藤　もともと刀に興味があったということもありますが、剣道特練を志半ばではずれたことも理由になっていると思います。剣道がやりたくて警視庁に入り、念願の特練員にもなれた。はずされたときは本当にショックでした。悔しくて、悔しくて……。剣道以外のものを求めたのかもしれません。

小林　特練員にとっていちばん悲しいことですからね。わたしも淋しかったです。でも、伊藤先生はその悔しさを糧とし、剣道と居合の修行を続け、剣道は平成十年、居合は平成十四年に八段となっています。箱根の八段戦で優勝されたのは平成十七年のことでした。二回目の出場でしたね。

伊藤　そうです。偶然が重なったとしか言いようがないのですが、とにかく優勝することができました。あのときも師匠のありがたさをつくづく感じました。剣道をやっていない人には負けられないという気持ちがあったのですが、それが気負いとなってしまい、出場が決まってから落ち着かない日々が続いていました。そのような気持ちのまま京都大会に行ったのですが、佐藤先生にそのことを話すと「剣道八段としての居合を抜きなさい」とのこと。その一言でもやもやしていたものがまったくなくなりました。

小林　箱根神社の武道場は荘厳な雰囲気がありますね。あの大会は日本三代仇討の一つとして有名な曽我兄弟の没後八百年を記念した式年大祭の一環として開かれたものですね。平成二年にあの場所で剣道大会が開かれていて、わたしも出場しました。その雰囲気はよくわかります。優勝した年は、大会に出場するにあたり、一日、百五十本から二百本抜く猛稽古をされたと聞いています。剣道の稽古も続けながらですから、たいへんなことだったでしょう。

伊藤　前年、初めてこの大会に出させていただいたのですが、予選を抜けることができませんでした。悔しい思いをしていたので、空いた時間を使って稽古をしていました。

小林　居合は敵対動作がもっとも大事ですが、伊藤先生の居合はまったく隙がなかったという評価でした。

伊藤　決勝戦では演武を見せるという感覚がまったくありませんでした。道場に入ったときからさがるまで落ち着いて抜くことができました。いま考えても不思議です。

小林　優勝するときは、そのような心境になるものですよね。当時の記事を読み返すと、迫真の演武を賞賛しているものばかりです。

伊藤　ありがとうございます。ただ、翌年はさらに稽古しないといけないと思い、がんばったのですが、がんばりすぎてしまったのか、肩を痛めてしまいました。

小林　伊藤先生のお人柄が伝わってくるエピソードですね。居合は「むり・むら・むだ」を戒めているのですから、やはり無理は禁物ということだったのでしょう。

刀は円く遣え　神夢想林崎流居合

小林　伊藤先生は、居合は夢想神伝流を学んでおられますが、古流は小野派一刀流を笹森建美宗家のもとで勉強されていますね。

伊藤　一刀流は亡くなられた小沼宏至先生（元警視庁剣道主席師範）のすすめではじめました。五年くらいは切落しと張りの稽古だけを続け、その後、組太刀の稽古に入りました。笹森先生の礼楽堂にはしばらくしてから通うようになりました。いまも教えていただいています。

小林　笹森先生は小野派一刀流だけでなく、直元流、神夢想林崎流の宗家でもあります。伊藤先生は最近、笹森先生の指導のもと、林崎流居合も学ぶようになりました。居合の始祖林崎《はやしざき》甚助《じんすけ》重信《しげのぶ》が開発した林崎流は、かの中山博道先生が「居合を学ぶものはすべからく林崎流を学べ」と説いておられ、それを学ぶことを強くすすめています。こんにちの居合の発展は、中山先生の貢献によるところが大きいことは周知の通りですが、林崎流を学んだ感想をお聞かせください。

伊藤　いまの居合は二尺四寸から二尺六寸の刀を使用しますが、林崎流では三尺三寸という長い刀を使用します。二十センチ以上も長いものです。居合には「長い刀を短く使うと剣先に冴えが出る」という教えがありますが、林崎流を学ぶようになり、その教えを実感しています。

小林　演武を見ましたが、ずいぶんと長い刀ですね。いまのものより二十センチ以上は長い。この刀を使いこなすには身体全体を用いなければならないでしょう。手先で振ることはまず不可能です。

伊藤　まったくその通りです。下腹に力を入れて、腰の動きをスムーズにし、身体全体を使わないとうまく刀を扱うことができません。ゆっくりと正確に行なわないと刀を抜くことができないので、身につけるまでは肉体的にかなり負担がかかりました。でも、身につけると身体に安定感が生まれ、普通の刀を抜くのが楽になりました。

小林　林崎流居合の原点であり、極意であるのが八方萬字剣ですね。八つの斬り方と突き方を基本としていますが、一人稽古でこの八方萬字剣を身につければ、刀法の操作に効果的であるといわれていますが、いかがでしょうか。

伊藤　まだ勉強したばかりのわたしが断定的に申し上げることはできませんが、効果的であることは間違いないと思います。姿勢を崩さず刃筋が波打たないように、刃筋が通っていることを確かめながらゆっくりと行なうことを心がけるのですが、ゆっくりやることがとても難しいのです。

小林　ゆっくりやるということは、ごまかしがきかないということですね。

伊藤　そのとおりです。速い動きであればなんとなくこなしていくことができますが、ゆっくりとした動きは刀が長く重いのでそうはいきません。

小林　でも、速くすることより、ゆっくり行なうことが、結果的にいちばん速くて理にかなっていることになるのではないでしょうか。

伊藤　そういうことになるのですが、実際に行なうとなると本当に難しいです。身体がぶれないゆっくりとした動きができれば、隙は生まれないし、相手の動きもよく見えて臨機応変に対応できるし、無理無駄な動きがない分、必要最小限の力で最大限の力を発揮できるはずなのですが……。林崎流の抜きつけは、刀が重く長い分、体を引いて行なうため、腰の安定が求められます。そういった意味では、抜きつけもよくなるはずです。

小林　刀を円く遣うことを極意としていますが、これはよくわかります。角ばった動きでは刀をスムーズに遣うことはできません。円はやわらかく、弱々しく見えますが、じつは形のなかではいち

ばん強いものです。スムーズに円を描くように遣えるようになれば当然、剣先に勢いがつくようになるでしょう。

伊藤　そう思います。とにかく刀が重く長いので簡単に抜くことができません。簡単に抜くことができないからこそ、理に適った動きをしなければならないし、ごまかしがききません。居合は居合腰で動けといわれていますが、林崎流では、腰を落として重心を真下においておかないと抜けないので、これは全剣連居合にも役立っています。

小林　肘の使い方などにも具体的な教えがあるそうですね。もちろん他流にも教えがあるとは思うのですが、始祖が伝えていることだけに重みがありますね。

伊藤　いずれも円く抜くための秘訣のようです。左肘は体の中心にもっていくことを教えています。左肘が体の中心から離れると刀の安定がはかれなくなってしまいます。つけすぎず離れすぎずということになるそうですが、このさじ加減を勉強しています。

小林　右肘に関してはいかがですか。

伊藤　刀が重いので、肘は挿しなりに真っ直ぐに伸ばすことを教えています。真っ直ぐ伸ばさないと刀の重さがすべて右手にかかり、腕を痛めることになります。そう言っているわたしが、この稽古で痛めていますのでまだまだです（笑）。

小林　普通の人がやればもっと痛めているでしょう。剣道と居合に精通した伊藤先生だからこそ、わずか半年でここまで身につけられたのだと思います。

相手を置いた居合稽古　敵の殺気を感じ取ること

小林　神夢想林崎流居合には、居合秘伝十條目というものがあります。これは相手を制するための訓練のやり方が十項目にわたって記されているものです。稽古のやり方で「なるほど」と思ったのは、必ず設対者《せったいしゃ》といわれる、打方（相手）を置いていることです。剣道形でいえば打太刀ですね。

伊藤　そうです。設対者は、居合がひとりよがりになることを防ぐものですが、設対者を置くことによって技の理合がわかり、敵の殺気をじかに感じ取ることもできるし、間合が解ります。実戦的になるわけです。

小林　中山先生が「林崎流を学べ」というメッセージを残したのも、そのあたりに理由があるのかもしれません。始祖がこのようなやり方を残しているわけですから、居合も本来、相手を立てて習うものだったのですね。

伊藤　そのようですね。いい勉強になったというか、自分がやってきたことに間違いがなかったという安心感が得られました。というのも、わたしは初心者に居合を教えるとき、必ず相手を立てて、ペアで稽古をさせるようにしていたんです。居合は、各自が敵を仮想し、その敵を相手として技をほどこすものですが、仮想することは容易ではありません。ですから、相手をつくり、具体的にイメージさせるようにしています。

小林　なるほど。年月を重ねて修錬に励んでも仮想敵が湧出した斬れる居合をすることは難しいですよね。だから、相手をつくった。

伊藤　そうです。そうすることにより真剣味も加わります。だから併せて剣道形も教えているんです。わたしが改めて説明する必要もありませんが、剣道形は目付や間合と斬り間を身につけるのに最適です。

小林　相手がいるので、実際にどこを見て、どのくらいの距離で技を出せばよいのかわかりやすいですね。

伊藤　やはり目付は相手がいるのといないのではまったく違います。人と話をするとき、目を自然と見ますし、正対するものです。相手がいればこそ自然と身につきますが、相手がいなければどこに目をやればよいのかわかるものではありません。そういう意味では相手がいる稽古は絶対に必要だと思います。

小林　演武を見ると、林崎流ではものすごく近い間合で刀を抜いていますね。本来、このような距離で抜くものなのでしょうが、緊張感が伝わってきます。

伊藤　昔の人は本当に鍛えられていたのでしょう。あの長くて重い刀を自在に操っていたわけです。相手の虚をついて敵の間合に進むことを、林崎流では「寄前《よりまえ》」といっていますが、寄前し、割膝《わりひざ》（相手の膝の間に自分の膝を入れること）をして生死の間合に入ったときの緊張感は設対者がいるからこそ得られるものだと思います。

小林　まさに切羽詰まった状態……。

伊藤　対座の状態で相手がなにかしようとしたとき、まずは柄頭で動きを制します。のちに刀を抜くのですが、静から動に入るときの気の集中をつくる方法を林崎流から学ぶことができました。居合でいちばん難しいのはこの静から動に移る気の集中力です。相手がいるので抜きつけをする機会もわかります。

小林　接近した間合ですから、相手のわずかな動作も感じ取ることができますね。相手の殺気が感じるまで泰然自若とした態度を保つことを教えていますが、実際には相当な技量がなければできないことでしょう。

伊藤　そうだと思います。

小林　設対者がいることで、より具体的な居合になった。

伊藤　すぐに変わるものではないですが、意識としてはあるかもしれません。居合は実敵がいないだけに、気をしっかり入れないと居合になりません。気が仮想敵をつくり、その仮想敵を気で制するわけですから、当然、そういうことになります。しかも、抜いてはいけませんと敵を気で諭す場合もあれば、攻めて出るときなどは烈しい気をぶつけなければならない場面もあります。気のコントロールが重要になるのですが、実敵がいることで、それがイメージしやすくなりました。

剣道は表芸、居合は裏芸　二道を学ぶ厳しさと充実度

小林　剣道とともに、居合・古流も学ばれている伊藤先生です。剣道は表芸、居合は裏芸といわれていますが、実際に二つを教えられる技量を持っている方は本当に少ないと思います。剣道専門家として居合・古流も学ぶことの意義を教えてください。

伊藤　意義などと大上段に振りかぶって申し上げることはできませんが、わたしは師匠の佐藤先生に続きたい、そんな気持ちで居合を続けてきたと思います。

小林　やはり師匠の存在は大きいですよね。人間性をふくめ、すべてそうありたいと思うようになるから不思議です。

伊藤　それはありますね。佐藤先生には剣道八段を取るときも本当にお世話になりました。わたしは受審資格が四十八歳から四十六歳に引き下げられたときに受けはじめたのですが、研修会での評価は満票だったのに本番ではだめでした。もはや佐藤先生に頼るしかないと思い、先生が夜、稽古に出かけるところに時間の許す限り、佐藤先生を追いかけて稽古をいただくようにしていたんです。

小林　それはすごいですね。どれくらい〝追っかけ稽古〟を続けていたのですか。

伊藤　平成十年五月の合格ですから約三年半です。合格したとき、先生は「これで伊藤に追いかけ

られなくて済む」と笑っておられました。

小林 佐藤先生らしい賛辞ですね。ところで、稽古の配分はどのようにされているのでしょうか。剣道・居合・古流をされているわけですから、当然、割く時間も長くなるはずです。

伊藤 基本的に剣道は相手がいないとできませんので、いちばん稽古時間を割いています。多いときで一ヶ月に五十回近くやっていることもあります。居合は指導を除けば、一人稽古が中心になります。一刀流の切落しは週一回、必ず行なうようにしています。

小林 稽古の虫ですね。専門家の先生のなかでも抜群の稽古量です。

伊藤 わたしは人一倍不器用者で、なんでも身につくのに人の三倍かかります。ですからいつも「人の三倍」ということを意識して取り組んできました。

小林 そのような積極的な取り組みが今日の伊藤先生をつくっているのでしょう。林崎流を笹森宗家が教えてくださった背景には先生の実直に学ぶ姿勢があったからだと思います。

伊藤 とんでもないです。でも、教えていただくからには中途半端な気持ちでは身につかず失礼になります。教える側は今迄修業して学ばれたことを伝達していただくのですからそのお気持ちに応えるにも精一杯学んでいくしかありません。

小林 わたしの居合は先生からみれば、経験したとはいえないものです。そのわたしでさえ、剣道人の刀の扱いの稚拙さが気になっています。世間一般の人からみると剣道の指導的立場の人間であれば当然、刀も巧みに扱えると思っています。居合の普及という意味でも刀に触れる機会をとくに高段者につくるべきではないかと思うのですが。

伊藤　手の内を覚えるのに居合は効果があると思いますし、呼吸法もしかりです。今回、林崎流を勉強する機会をいただいたことで、改めてそう思うようになりました。

小林　林崎流との出会いは、先生の居合に大きな影響を与えたようですね。

伊藤　わたしは中山先生の居合をこの目で見たこともありませんが、中山先生の居合はその場その場によって間合が違うということを聞いたことがありました。常に実戦を想定していたということなのでしょう。わたしは本年三月で警視庁を退職しますが、今後も居合・古流・剣道に精進していきたいと思います。

（平成二十一年二月二十三日）

楽しく健やかに稽古する快適に剣道を続けるための健康法とは

◆対談のお相手——

宮坂信之

みやさか・のぶゆき／昭和二十二年長野県生まれ。上田高校から東京医科歯科大学医学部に進み、卒業後は母校の第一内科に入局。専門分野は内科学（リウマチ・膠原病）、臨床免疫学。剣道は中学時代からはじめ、上田高校時代はインターハイに出場。東京医科歯科大学大学院教授、同大学副学長、東京医科歯科大学病院長などを歴任。剣道教士七段。

効果的な準備運動をするには道場に入ってからでは遅い

小林　宮坂先生は膠原《こうげん》病・リウマチの名医としてご活躍されていますが、ご自身も剣道七段になられています。多忙の勤務のなか、稽古を続けられていることに敬意を持たざるを得ないのですが、どのように稽古時間を捻出されているのでしょうか。

宮坂　医者というのは人に規則正しい生活をすすめておきながら、自分ではもっとも不摂生をしている職業かもしれません。患者さんの都合で動いているので、昼食もとれないことはよくあります。医者の不養生とはよくいったものですが、唯一の健康法が剣道なんです。毎週月曜日は剣道と決め、早々に職場を切り上げています。

小林　「この日だけは稽古」と決めている方は少なくないですね。仕事にもメリハリが出ます。

宮坂　剣道はやり方さえ間違わなければ健康法に適していると思います。第一に汗をかきます。第二に大きな声を出すので呼吸が腹式になります。小林先生もご存知のように呼吸には胸式と腹式があります。胸式は無意識の自発呼吸で、腹式は横隔膜や腹の筋肉による意識的な呼吸です。胸式だと一分間に十七回前後呼吸をしていますが、腹式呼吸だと訓練をすれば一分間に五回くらいになるそうです。長息は長生きに通じます。

小林　ストレス発散にも適しています。

宮坂　とにかく無我夢中で稽古に打ち込むことによって頭の中が真っ白になれるのがいいですね。

小林　ところで、剣道をふくめ、どんな競技でも準備体操が必要不可欠です。その効用についてはわたしも認めるところなのですが、いささか長すぎるような気がするんです。わたしが指導に行っていたある国では稽古時間の三分の一を準備運動にあてている。これでは剣道をしにきたのか、準備運動をしにきたのかわからなくなってしまいます。道場に入るまでにある程度準備をしておくことが必要ではないでしょうか。

宮坂　それは一理あると思います。準備運動の目的は大きく分けて二つあります。一つは肉体的に準備すること、そしてもう一つは精神的にモチベーションを上げていくことです。少なくてもモチベーションを上げることは道場に入る前からできます。

小林　準備体操には筋肉の反応を早める、柔軟性を高める、呼吸・循環器系の機能を高めるなどの効果があると聞いています。でも東大の稽古は二時間なんです。昨日、これからの剣道部をどうしていくのかという話し合いをしたのですが、稽古効率を上げるにはタイムマネージメントは重要ですよね。

宮坂　準備運動が必要なのは当然ですが、事実、効率が悪くなっていることがあります。剣道は効率よく稽古することができます。量より質で実力を上げることができると思うのです。準備運動にさほど時間をかけずとも工夫次第でトップギアに入れることができます。

小林　昔の先生は道場に入られたあと、準備運動をすることはほとんどありませんでした。家で身体をつくり、一歩外に出たときにはどんなことにも対応できるようにしていたのでしょう。竹刀を二回、三回と振っただけで稽古に入っていましたからね。

宮坂　準備運動もさることながら、医者の立場から申し上げるとするならば、もっと取り入れてほしいのは整理体操です。
小林　終わってからのほうが大事ですか。
宮坂　そうです。でも実際には体育館や道場の後片付けの問題や使用時間の制限のため、充分に行なわれていないのが現状です。
小林　整理運動の目的は障害予防、疲労軽減といわれています。どのくらいを目安にすればよいのでしょう。
宮坂　剣道で使った筋肉の手入れをすることが整理体操の目的です。激しい運動で使った筋肉は熱を持ち、疲れがたまっている状態です。残っているエネルギーを抜いてあげることが疲労回復や障害予防につながります。とくに暑中稽古や寒稽古、合宿など普段より激しい内容の稽古後は入念に行なったほうがよいと思います。
小林　警察の特練員は必ず行なっていますね。神奈川もそうだし、警視庁もそう。一般の方にも浸透していくといいですね。

あなどれない熱中症　サインを見逃さないこと

小林　春を迎え、稽古をしやすい季節になりました。これから夏に向かっていくわけですが、剣道人が気をつけなければならないのは熱中症だと思います。好きな剣道ですから多少無理してでもやりたくなるのが人情です。しかし、熱中症は死にいたるたいへん危険な障害です。

宮坂　剣道は夏場でも厚い稽古着・袴を身につけ、しかもその上から防具をつけています。医学的に見れば「熱中症になれ」といったような姿です。

小林　確かにそうですよね。夏場の稽古は四十分が限界です。

宮坂　とにかく熱がこもりやすいですから。窓もしめきって稽古することすらあります。昔は稽古中に水を飲むことも許されませんでした。

小林　わたしの特練員時代、水を飲むとすい臓が悪くなるといわれていました。本当ですか？

宮坂　まったくもって迷信ですね。野球もそうですが、あの炎天下で水を飲ませませんでした。根性を鍛えるにはよかったかもしれませんが、医学的にはとても危険なことです。

小林　熱中症による死亡事故は野球、ラグビー、サッカーなどの屋外競技で起きやすいようですが、屋内競技における剣道の事故発生率はいかがですか。

宮坂　残念ながら剣道は高いほうです。しかも圧倒的に……。全剣連でも熱中症対策のマニュアルを作成して注意をうながしていますが、まだまだ浸透しているとはいえません。

小林　対策としては水分補給を充分にすることですか。

宮坂　そうです。ただそれだけでは不十分です。熱中症は脱水とうつ熱、つまり熱がたまることが原因です。面をつけたまま水分をとらせている場面を散見しますが、あれはおかしい。医学的にはやりすぎだと思いますね。面をとって換気をよくし、水分を補給するとともに熱を逃がしてやらなければいけません。

小林　なるほど。でも、不思議ですね。わたしが現役時代は水も飲めなかったけれど不思議とリタイアするのがいなかった。特練員ですから人一倍、身体ががんじょうだったのでしょうか（笑）。

宮坂　百戦錬磨の猛者たちですからね。ちょっとやそっとの稽古ではへこたれなかったのかもしれませんが、いまのほうが食生活もよくなっているし、基礎体力も上がっています。にもかかわらず熱中症は増えています。昔に比べるといまのほうが順応力、あるいは適応力が落ちているのは間違いありませんね。いまは無理に我慢をさせません。

小林　なるほど、それにしても昔の夏は暑かったです。クーラーもなかったので、部屋も道場もどこもかしこも暑かった。

宮坂　昔は汗をかくことがいまと比べると格段に多かったですね。外で遊ぶし、部屋にもせいぜい扇風機があるくらいです。そういう環境ですから普段から汗をかく習慣があった。いまの子どもは温室育ちですから汗をかくことも少ない。しかもゲームばかりしていて食事を充分にとっていないことがあります。そういう子どもが突然、夏合宿などに参加すると熱中症にかかってしまうんです。

小林　熱中症を予防する方法はあるんでしょうか。

宮坂　あります。熱中症は身体が順応しきれないときに起きるんです。夏合宿などでは一日目、二日目の発生率が高い。反対に三日、四日になると身体が順応してくるので、起きにくくなります。指導者はそのことをふまえ、初日のメニューを調整し、充分に水分補給をさせてやれば防止はできると思います。

小林　稽古前に水を飲んでおくことも効果的のようですね。

宮坂　コップ一杯から二杯の水を飲んでおくことは、脱水を防ぐよい方法です。一般に体重が一パーセント減少すると体温は〇・三度上がるといわれています。だから水分をとることで体温の上昇を防ぐことができるのです。

小林　指導者が絶対に知っておくべき知識ですね。大人の場合はどうですか。熱中症になりかけているサインがあれば教えてください。

宮坂　頭が痛くなる、面紐がきつく感じたら要注意です。剣道人はどうしても我慢してしまいますが、すみやかに稽古を中断するべきです。

小林　万が一、熱中症になってしまったらどうしましょう。

宮坂　まずは涼しいところに運び、防具を外して袴の紐をゆるめます。頭を低くして寝かせ、水分を補給することです。意識障害がみられたときは危険です。体温が異常に高いときはすぐに体温を下げる必要がありますので、首やわきの下、足のつけ根などにアイスパックを当てて冷やしながら救急車で病院に運んでください。処置が遅れるほど危険です。

剣道人と酒・たばこ　気をつけたい生活習慣病

小林　剣道をしている人は相対的に身体がじょうぶです。しかし、そのじょうぶさを過信するあまり、あまり健康管理に気を配っていないような気がします。不摂生というやつですね。

宮坂　おっしゃる通りだと思います。剣道が強い、お酒が強い、強いことはいいことだといった風潮があります。

小林　飲酒に関してはいかがですか。酒は百楽の長といわれていますが、飲みすぎては身体にさわると思います。

宮坂　豪傑たるもの断ってはいけない、といった雰囲気がありますね。でも、酒量は個人差があり、たくさん飲めることがすごいことではありません。断るのもひとつの勇気です。それを指摘する風潮がないのが残念です。

小林　稽古後の一杯は格別ですからね。

宮坂　量さえ守って飲めば問題ないのです。大事なのは自分の適量を知り、飲みすぎないことです。

小林　楽しい雰囲気についついつい杯がすすんでしまいますね。

宮坂　そうそう。ただ、飲酒の問題を考えるとき、お酒のなかにふくまれるアルコールの絶対量を覚えておくとよいと思います。たとえば日本酒一合、ビール中ビン一本、ウィスキーのダブル一杯はほぼ同量のアルコールをふくみます。摂取されたアルコールは体内で代謝されて分解されますが、六十キログラムの男性で、日本酒一合相当のアルコールを完全に分解するのに二時間から三時間かかります。よって三合くらい飲むと、完全に分解されるまでに六時間から九時間かかることになり、人によっては次の朝もまだ酔っているということになるのです。

小林　分解するのに意外と時間がかかるものなんですね。

宮坂　たくさん飲んでも翌日にまったく影響が出ない人もいます。ただ、そういう人でも自覚症状がないだけで、アルコールが体内に残っていることがほとんどです。これが重なると肝臓がオーバーワークになってしまい、肝障害につながります。

小林　なるほど。稽古後、水分をとらずに即ビールという方もいますが、医学的にはどうなんでしょう。

宮坂　アルコールは利尿作用を高めますので、脱水になりやすいです。だから、稽古後はアルコールをふくまない水分を充分にとり、それから楽しむべきです。

小林　そうですよね。喫煙についてはいかがですか。

宮坂　たばこに関しては「百害あって一利なし」です。にもかかわらず、剣道は喫煙率が高いですね。オリンピック選手で喫煙者はほとんどいないですよ。

小林　わたしも二十年くらい前、喫煙者でした。でも、関東管区警察学校に行ったとき、指導教官の先生から「剣道指導者はたばこを吸ってはいけない」と注意を受け、それからしばらくしてやめました。よかったと思っています。

宮坂　喫煙により肺がんや虚血性心疾患のリスクが明らかに上がり、量の増加とともにこのリスクはさらに上昇することはわかっています。

小林　疾患の話になりましたが、生活習慣病も剣道人にとっては気になるところですよね。

宮坂　剣道の先生で多いのは痛風、高血圧などです。痛風は、身体のなかに尿酸が一定濃度以上にたまることが原因です。文字通り、痛くなる病気です。血中尿酸が上昇し、関節内で結晶化します。それが関節炎（痛風）となります。風は中国で病気という意味があります。

小林　日本では風が吹いても痛い、と解釈されていますが、それは知りませんでした。

宮坂　発作の特徴は、痛みがはじまってから二十四時間以内にピークに達し、放置しても一週間程度でおさまります。原因は過度の運動、過度の飲酒、過食、脱水、ストレスなどがあります。剣道の掛かり稽古は無酸素運動であり、尿酸がつくられやすい運動です。剣道の先生方にあてはまる項目が多いですね。

小林　わたしも痛風の疑いがありました。でも、しばらくするとおさまり、その後、なんともなかったんです。そういうこともあるんですね。

宮坂　あります。痛風はどういうわけか一流選手に多い病気です。たとえばプロ野球であれば二軍より一軍、大相撲なら十両より三役のほうに多い。実業界でも平社員よりも重役です。これは原因なのか結果なのかわかっていないのですが、そういう傾向があります。冗談で尿酸値が低い人間に「お前は出世できない」と言っているくらいです。

小林　高血圧についてはいかがですか。

宮坂　原因は加齢、ストレス、塩分のとりすぎ、肥満、過労、喫煙、過度な飲酒などが挙げられます。これも剣道の先生は多いですね。高血圧は脳出血や心不全、狭心症、腎不全などの病気につながります。まずは生活習慣の改善が重要です。アルコールは日本酒なら一合以下、ビールなら大瓶一本としましょう。太っている人は理想の体重に近づけるようにすることも必要です。

翌朝に疲れを残さない　なにごともほどほどに

小林　剣道は大人から子どもまで幅広い年齢でできるものです。しかも年齢に応じた剣道ができ、ずっと求めていくことができます。味わいのあるものに昇華していくわけで、そこに剣道の魅力があると思います。生涯にわたり剣道を続けていくにはやはり健康でいなければならないと思うのですが、配慮すべきことを教えてください。

宮坂　江戸時代、筑前黒田藩の儒者貝原益軒《かいばらえきけん》が『養生訓』という大衆向け医学書を発刊しています。文字通り健康に生活していくためのノウハウが書かれているのですが、これを実践していくことが大事ですね。

小林　食事の方法、飲酒の方法などわかりやすく記されているものですね。

宮坂　そうです。「酒は微酔にのみ、半酣《はんかん》をかぎりとすべし。食は半飽《はんぽう》に食ひて、十分に満つべからず。酒食ともに限を定めて、節にこゆべからず」と書かれています。飲食はほどほどにしなさい、ということです。江戸時代にすでにこのようなことを奨励しています。

小林　なるほど。

宮坂　健康を維持する秘訣を教えてくださいと尋ねられることが多いので、わたしは「現代版養生訓」として「規則正しい生活をする」「食べ過ぎない」「飲み過ぎない」「禁煙をする」「睡眠を充分にとる」「適度の運動を行なう」「ストレスを上手に解消する」、この七項目を挙げて、みなさんにすすめています。

小林　これができれば完璧ですね。なかなか実行することは難しいかもしれませんが、意識するのとしないのでは大きな差があります。

宮坂　そうなんです。

小林　適度な運動を行なうとありますが、適度はどの程度ですか。

宮坂　稽古であれば、翌朝、身体が痛くない程度です。といいながら、わたしもついついやりすぎて痛い思いをしていますが……（笑）。これはやりすぎです。量を減らして回数を増やすことにシフトしたほうがよいです。たとえば週一回、一時間の稽古であれば、週二回、三十分の稽古にするなどです。

小林　継続していくことが大事ということでしょうか。

宮坂　そうです。うまくいきだすと、これがバイオリズムになります。適度な運動、適度な睡眠、適度な食事です。

小林　健康管理がきちんとできている人は自分のリズムを持っていますね。

宮坂　はい。一流といわれる方は自分なりの健康法を持っています。身体に人一倍、気をつかいます。だから外傷も少ないです。

小林　そう思いますね。ひとつのケガが命取りになることがあります。

宮坂　無事これ名馬です。名馬はケガをしませんし、ケガをしないように予防します。大相撲の千代の富士は現役時代、肩の脱臼《だっきゅう》に悩まされていました。それでダンベルで肩を鍛え、脱臼しない肩をつくりました。その後の活躍は周知の通りですが、一流は自分で工夫をしながら名馬になります。おそらく小林先生も気を使っていたはずです。

小林　身体が資本という気持ちは常にありますし、いまもあります。

宮坂　われわれは剣道愛好家であり、わたしであれば本分は医者です。この本分を忘れて剣道に打ち込み過ぎては本末転倒になります。仕事と剣道が相乗効果をもたらすような生活を心がけることが生涯剣道につながっていくと思います。

小林　その通りですね。ありがとうございました。

（平成二十一年三月二十五日）

一振り一振り真剣に竹刀を振ることが稽古の質を上げる

◆対談のお相手――

太田忠徳

おおた・ただのり／昭和十六年千葉県生まれ。修道学院出身の福岡明範士に剣道の手ほどきを受ける。匝瑳高校から警視庁に奉職。全国警察官大会団体優勝をはじめ、全日本東西対抗大会、明治村剣道大会などに出場。警視庁剣道主席師範を務め、平成十二年に退職。現在、全日本剣道道場連盟専務理事、日本武道館武道学園講師。剣道範士八段。

わたしたちが習った剣道　互格稽古はまずなかった

小林　東京剣道祭ではありがとうございました。久しぶりにお手合わせを願いました。太田先生とは警察大学校術科指導者養成科でも同期、八段合格でも同期、日ごろからご指導いただいているのですが、先生は警視庁のホープでした。わたしが剣道特練員となったときはすでに各種大会で活躍しており、「すごいな」と思ったのをいまでも覚えています。

太田　いやいや、そんなことはないですよ。剣道祭、こちらこそありがとうございました。年齢が近いこともあり、立合はよくあたりますね。もう四十年以上前の話になりますが、神奈川に出稽古にお邪魔したことがあった。当時、警視庁は外に出ることはほとんどなかったのですが、出稽古が大切ということで、こちらからお願いしようということになりました。

小林　まだ戦前の大先輩が試合に出られていた時代ですね。わたしは下っ端の小僧でした。

太田　そうそう、四十歳半ばの先生と一緒に団体戦に出たこともあります。警視庁は谷崎安司先生、松元貞清先生など。神奈川はどなただったかなあ。

小林　有馬宗明先生、川崎渉先生らです。

太田　そうだったですね。

小林　先生が警視庁に入ったきっかけはどんな理由でした？

太田　福岡明先生のご縁です。修道学院のご出身で、わたしに初めて剣道を教えてくださった先生です。神奈川の菊地傳先生、高野武先生の先輩。

小林　当時、修道学院のつながりが縁となり、就職が決まることがけっこうあったようですね。わたしも修道学院のつながりで神奈川にお世話になることになりました。もっとも、このことはだいぶあとになって知ったことですが……。

太田　あとになってというのがおもしろいですね。

小林　そうなんです。ところで当時、先生方になにか教えていただいたことはありましたか？　わたしはほとんどない。ただ稽古をしなさいというだけでした。攻めも教わらないし、打ち方も教わらない。

太田　昔の先生方は自分の苦労談は絶対に話をしなかったし、細かく指導をすることはまずなかったです。先生方がみずから元立ちとなり、切り返し、掛かり稽古を受け、基礎をしっかり叩き込んでくれたものです。その基礎をもとにひたすらお願いをして、そこから体得するしかなかった。わたしも先生方はもとより先輩方も錚々たる方ばかりでしたので、必死についていくだけでした。

小林　まさに稽古にかかるという表現がぴったりですね。かかるとは「お願いする」という意味がありますが、どうもその感覚が薄れてきていると思うのです。こちらにその技術がないといってしまえばそこまでなのですが、最初から打たれまいといった感じで試合をしている。

太田　試合中心で育ってきているので地力をつける稽古というものを理解していないところはありますね。わかっている人は返されようが押さえられようが「ここだ」というところで技を出します。しかも単調な技のくり返しではなく、自分なりにしっかりと攻めて崩そうという意思が伝わってきます。

小林　竹刀を先生の胴などにつけようものなら「つける時間があれば打て」と注意され、さがろうものなら「さがる時間があれば打て」と、また叱られたものでした。技を出すことで地力をつけていったと思います。

太田　「よける暇があったら打て」ともいわれましたね。怖いから思わずよけてしまう。当時はお互いで歩合を競うような稽古はほとんどなかったですよ。

小林　いきなり互格稽古ということはありませんでした。切り返しをお願いし、すぐに掛かり稽古、何本もくり返し打ち込んでいき、それから「三本」ないし、「二本」というスタイルでした。

太田　それでも結局、掛かり稽古になってしまうんだよね（笑）。

身になる稽古とならない稽古　ここを妥協してはいけない

小林　日本の芸道では、一般的に練習することを「稽古」といっています。稽古とは「古を稽る《いにしえかんがえ》」という解釈で、古いことを学ぶ、古いことに習い達するという意味があります。それゆえ、先人の教えについて工夫・研究することが必要不可欠です。

太田　だから先生方の教えを受けないといけないし、目上の先生に稽古を願うのが稽古なわけです。

小林　その原則を理解していないと上達はなかなか難しいですね。同じくらいのレベルの人同士で打ち合いをしていても運動にはなるかもしれませんが、稽古にはなりません。やはり目上の先生方に稽古を願い、苦しい稽古をしていかないと伸びないと思います。

太田　苦しくてもそこを我慢して打って出る。そのような姿勢は持ちたいですね。もちろん、体力や年齢の問題もあるので無理は禁物です。

小林　短期集中型の稽古のほうが身になると思います。短時間で息を上げるくらいの気持ちで積極的に打っていく。機械的に技を出すのではなく、しっかりと攻め、打ち切る。元立ちの先生を攻めて崩すことなど、なかなかできるものではありませんが、六段、七段、さらに八段をめざすのならば、そこはさけることはできません。

太田　加齢とともに体力は落ちてきます。体力に依存する剣道から、技術力そして気、さらに心でする剣道へと発展させなければいけないでしょうね。

小林　具体的にはどこが大事でしょうか。わたしは起こりをとらえることが一つのポイントだと思っています。

太田　起こりは、三つの機会のうちのひとつ。ここを打つことはだれもがめざすところです。相手とのやりとりのなか、一瞬の隙をとらえるものですからね。

小林　打とうと思っても打てないのが起こりです。気がついたら身体が仕事をしたというものでないと、起こりは打てません。

太田　いまは理論から入る傾向がありますからね。持田盛二先生は剣道の基礎を身体で覚えるのに五十年かかったと残されています。ここで重要なのは「身体で」という部分だと思います。理論的にはわかっていても、できるとは違います。

小林　一般の愛好家は稽古時間が限られています。どうしても絶対的な稽古量に限界があると思うのですが、そのあたりはいかがですか。

太田　一回の稽古にテーマを持ち、真剣にやることでしょう。実際、一般の方でも八段に合格される方もいますし、近年は増えてきています。年齢が進むと目標が試合から昇段へとシフトしてきますが、工夫・研究次第で合格は可能です。もちろんその背景にはたくさんの努力があると思いますが……。

小林　やはり基本をおろそかにしていませんね。神奈川でもここ数年、八段の合格者が増えているのですが、切り返し、打ち込みといった基本稽古を必ず行なっています。

太田　一般の方は地稽古がメインと思われがちですが、昇段をめざす人は必ずといってよいほど打ち込み稽古をおろそかにしていません。

小林　そうですね。それはそうと、我々が現役の頃は、打ち込み稽古という言葉はなかったですよね。

太田　なかった。基本的に同格で稽古をすることがなかったから全部、掛かり稽古だった。

小林　お願いするほうは気力体力が続く限り打ち込み、元立ちはよい打ちは打たせ、悪い打ちは打たせない。これで技と気力を錬り上げていきました。掛かり稽古ののち、「三本」ないし「一本」というスタイルがやはり強くなるような気がしますね。

太田　これは技量がわかっていないとできない稽古方法ですよね。師匠が弟子につけるときにしかできませんね。合同稽古のような場所ではできない。

小林　剣道の指導は基本的には個別指導でしたからね。
太田　そう。集団指導が生み出されたのは学校に剣道が導入されてからでした。
小林　集団指導で剣道人口は間違いなく増えた反面、質の面ではいろいろな問題が出てきたのかもしれませんね。
太田　そのような功罪があることを認識し、どのような稽古をしていけば強くなれるのかを考える必要はあるでしょう。お腹にこたえるような稽古をしないことには実力がつかないのは明白なことですからね。

一人稽古のすすめ　大きく行なうと打突が冴える

小林　剣道の稽古は、目上の先生にお願いすることがもっとも大切なのはいうまでもありません。でも、隠密稽古といわれる、いわゆる一人稽古も大切です。人より強くなりたいと思ったら、自分で工夫・研究していくしかない。太田先生もたくさん実践されてきたはずです。
太田　ご承知のようにわたしは身体が小さいですよね。動きのよさで選手に起用してもらいましたが、稽古となると先生方にこてんぱんにされました。当然といえば当然なのですが、剣道の地力が違う。先生方と対抗するには手の内を鍛えるしかない。技の冴えで勝負しようと考えました。わたしが最初に剣道を習った福岡先生も身体の小さい方でしたし、警視庁でご指導をいただいた工藤一先生も身体の小さい方でした。しかし、体さばきと技のキレは見事でした。それを勉強しようと思ったのです。

小林　やはり素振りですか？

太田　そうです。いまでも続けていますが、特練をしりぞいてからは毎日、千本は振るようにしていました。

小林　千本ですか！　そういえば一緒にアメリカに指導へ行ったときも千本素振りをやりましたね。

太田　そうでした（笑）。素振りは方法を間違えるとかえって悪い癖がついてしまいます。たとえば振りかぶったときに左拳が前に出てしまう、肘だけで振るなどです。このような振り方では何本振っても運動にはなるかもしれませんが、剣道には役に立ちません。

小林　わたしも素振りはしました。中村太郎先生に指導を受けたのですが、先生は「剣先が生きている素振りをしないと意味がない」とおっしゃっていました。剣先が生きてくると打ち込んだ瞬間に剣先がババッと震えます。

太田　できるだけ目標を遠くに持ち、足はできるだけ遠くに出す。もちろん出しすぎて姿勢が崩れては意味がありません。姿勢が崩れないギリギリのところまで出して引きつけを鋭くします。

小林　これを覚えるのにけっこう時間がかかります。肩から振る感覚はなかなか身につきません。

太田　だから大きく振ることを奨励していますね。小さく振ると肩を充分に使わないので、手の内を覚えません。大きく振ることで肩の使い方を覚え、それが小さな打ちへと発展していきます。

小林　大きく行なうと鋭くなる。反対のようですが、素振りのポイントでしょう。肘関節、肩関節も柔らかくなります。重い竹刀や木刀で何回も振るより、まずは軽めのもので軌道を身体に覚えさせることが大切だと思います。

太田　そうですね。数をかけ、身体にしみこませていくことが重要です。気がついたとき、手の内ができているでしょう。打ち込んだときの感覚が変わってくるはずです。

小林　ところで、先生は荒稽古に関してどういうお考えを持っていらっしゃいますか？　警視庁でも立ち切りを行なっていますが、神奈川でもありました。

太田　わたしのときは二時間、一日十二人が指名されて、六日間で七十二人が元に立ちました。いまは武道専科の卒業試験的な意味合いで実施されています。一人の元立ちに対して八人くらいが常にかかれる体制で行なっていましたから休むことはできませんでした。

小林　さすが警視庁ですね。途中でリタイアした人はいましたか。

太田　わたしの記憶にはありません。面が壊れる、紐が切れるなどして中断することはあっても挫折する人はいなかった。

小林　神奈川は合宿で立ち切りを行なうんです。四時間でした。午前九時くらいからはじまり午後一時まで。けいれんが起きた人もいました。

太田　一回、けいれんしてしまうとだめですね。

小林　そうです。わたしはけいれんはしませんでしたが、数日後、爪が抜けました。爪が少し伸びていたようで、この状態でずっと竹刀を握っていました。この状態が四時間続いたので、だめになってしまったようです。

太田　すごい体験をしましたね。

小林　四人から五人、元に立つのですが、道場から外に出され、池に落とされることもありました。菊地先生からは「こんな稽古をしているのは神奈川だけだ。だけど剣道はなかなか強くならない。小林は爪が抜けるほど稽古したのに負けるからな」といわれました。当時、こんな稽古がためになるのかと半信半疑でしたが、剣道指導者には必要な稽古だとのちに思うようになりました。

太田　立ち切りを経験するとなにかが違ってきますね。とくに指導者として荒稽古の必要性を感じます。

小林　寒稽古や暑中稽古など、特別稽古を昔から行なうのも、鍛錬という意味合いが大きいですよね。非日常の体験が人間を一回り成長させることがあります。一歩間違えると「しごき」にもつながりかねませんが、伝統的な荒稽古、猛稽古には不合理性のなかの合理性のようなものがあると思います。

いまこそ唱えたい道場主義　あの空間でしか身につかないもの

小林　太田先生は警視庁を退職後、全日本剣道道場連盟の専務理事となりました。剣道はもともと道場でするものであり、そこに価値があると思います。集団一斉指導にはない個別指導のよさがあると思うのですが、そのあたりはいかがお考えでしょうか。

太田　現在、道場連盟の加盟は約二千団体です。そのうち自分で道場をもっているところが二十五パーセントです。そのほかは公共の武道館を借りていたり、小学校や中学校の体育館ないし武道館を借りていたりしています。

小林　道場精神を確立して古来の剣道のよさを残すことを目的としているのが道場連盟です。道場精神を確立するには「道場」がなければなりません。

太田　いまは道場も代替わりしてほとんどが二代目になっています。維持費がものすごくかかるので、道場を手放さざるを得ない状態になっています。減る一方です。このことに危機感を持っています。

小林　体育館で正座してもピンとこないですよね。

太田　道場には独特の雰囲気があります。昔は、おごそかな場所が家庭でもありました。たとえば仏間や床の間です。いまはそういったものがある家庭のほうが珍しく、子どもにとって神聖な場所がありません。それがあるのが道場だと思うのです。道場に入ると自然に背筋がピンと伸びます。教育効果としてもとても高いと思うのです。

小林　神奈川でも道場主が二代目になり、維持費がかかりすぎて手放した例を聞いています。

太田　地方によっては固定資産税で優遇されているところもあります。道場の必要性を充分に理解しているのでしょう。そういった都道府県が増えるといいし、道場連盟としても対応が必要だと考えています。

小林　剣道は本来、個別指導ですからね。師匠に剣道を教わることができるのが道場のよさであり、それが剣道本来の姿だと思います。先生が最初、福岡先生に習ったのはどこでしたか。

太田　わたしは先生宅の庭でした。竹ぼうきではいて石ころを取り除いてから稽古をしていました。

のちに篤志家が蔵を改装して道場をつくってくれました。

小林　福岡先生に一対一で稽古をつけてもらったわけですね。

太田　優しい先生でしたよ。いつもニコニコして打たせてくださいました。大人から子どもまで先生に稽古をお願いしていましたね。

小林　なるほど。あの狭い空間がいいですよね。下がることができないから怖くても前に出ていくしかない。

太田　間取りなどよくよく研究されていたと思います。羽目板に背中をつけることは恥なんですね。だから必死にかかっていくことができました。いまは狭くないからどうしても下がってしまう。場所がもたらす効果はありますね。

小林　ありますね。でも、福岡先生は昔の先生にしては珍しいですね、ほめてくださっている。

太田　わたしがヒョロヒョロしていたからでしょう。でも、ある高名な先生が稽古にきて失礼なことをした。そのときは諸手突きをドン、さらにドンと突いて道場の外に飛ばしてしまったことがありました。鳥肌の立つ思いでした。

小林　これも道場でないとできませんね。体育館では下がることができるし、外まで飛ばすことはできない。「道場破り」という言葉も道場があるからこそできるわけですしね。

太田　そうです。場所はなくても精神は育つという考え方もあります。でもそれは最後の手段だと思うのです。剣道は道場で行なうもの、師匠に教わりながら強くなっていくことを基本として、発展させていく必要があります。

小林　その意味でも道場連盟が果たす役割は大きいですね。稽古の質も場所次第とも考えられます。ありがとうございました。

（平成二十一年四月二十四日）

稽古は倒れる覚悟 最初から百パーセントの力を出す

◆対談のお相手――

宮崎正裕

みやざき・まさひろ／昭和三十八年神奈川県生まれ。玄武館坂上道場で竹刀を握り、東海大相模高校から神奈川県警察に奉職する。全日本選手権大会優勝六回、全国警察選手権大会優勝六回をはじめ、世界大会団体優勝四回・個人優勝という金字塔を立てた。現在、神奈川県警察剣道首席師範、第十六回世界剣道選手権大会日本女子代表監督。剣道教士八段。

二年前から意識した八段審査　立合時間の感覚を身体で覚える

小林　全日本選手権優勝六回、全国警察選手権優勝六回、丸目蔵人顕彰七段選抜大会優勝五回、全国大会で二十回ちかく優勝している宮崎君ですが、先日、見事、八段に合格しました。同じ神奈川県に所属する者として、また警察のOBとしてこれ以上うれしいことはないのですが、合格者の顔ぶれを見てみると親しい人もいるでしょう。

宮崎　二日目は十人が合格しています。六人は顔なじみの人でした。とくに仲がいいのは香川の松本先生（政司・香川県警察）です。松本先生は年齢が同じで試合では何度もお願いしています。

小林　世界大会も一緒に出ていますね。カナダとフランスだったかな。

宮崎　そうです。団体戦で日本代表として試合をしました。今回は二次審査であたりましたが、おそらく対戦するだろうという気持ちはありました。

小林　八段審査を意識したのは何年くらい前でしたか。わたしの頃は、受審資格は四十八歳からで三年くらい前から審査を意識して稽古するようになりました。

宮崎　もともと八段という段位はまだまだ雲の上という意識がありました。でも、警察大会などで試合をしてきた方々が八段に合格されるようになり、徐々に「自分も合格したい」という気持ちになりました。全剣連の合同稽古に行ったり、神奈川県内の稽古会に参加させていただくようになったのは二年くらい前からでしょうか。ですから審査に向けて具体的な行動に移したのはその頃からです。

小林　県剣道連盟主催の八段講習会にも参加していましたね。立合は「さすが」という内容でした。

宮崎　とんでもないです。職場の稽古環境は充分ですが、なかなかアドバイスをいただく機会はありません。出稽古に行くことで、いろいろな先生に教えをいただくことができたのは大きな財産でした。小林先生にも「右手の握りが動いている」と、ご指摘いただきました。

小林　ああ、あれね。くせになっていたのかもしれないですね。試合ではとくに問題にならないかもしれないけど、審査の場合、立合全体の雰囲気を見ています。とくに横から見るので、右手で竹刀を握ったり、離したりしているとちょっと目立ちます。

宮崎　自分ではまったく気がついていませんでした。先生に「動いているよ」とご指摘いただくまで、気にもなりませんでした。

小林　なくて七癖ですからね。たいていは気がつかない。

宮崎　リズムをとっていたようです。ビデオで確認すると右手が動いていました。つける小手の大きさによってそれが微妙に変わっていることがわかりましたので、動かさないことを意識して稽古をしてきました。

小林　八段を意識するようになり、文字通り一段上の剣道をめざすようになりました。稽古が格段によくなった。やはり宮崎君クラスになると目的に向かって剣道を修正できるということがよくわかりました。

宮崎　まだまだです。でも、そのように評価していただけるのはうれしいです。

小林　八段審査を受けるにあたり、稽古で具体的に心がけたことはありますか。わたしは、立合は「我、上位なり」と思えるほど自信をつけることが大事だと考えています。そういう気持ちで稽古に臨めば構えも自然と正しくなり、体勢を大きく崩して当てにいくような打突は出さなくなります。とはいっても気持ちだけそう思っても、なかなか本番でできるものではありません。だから七段であれば一分三十秒、八段であれば二分、時間の感覚を身につけておくことが大事だと思い、時間をはかってもらってくり返しました。

宮崎　わたしもやりました。試合は何年もやってきているのである程度、時間的な感覚も身についていますが、審査の時間はわかりません。二分というよりか、立ち上がりからの三十秒、一分を身体で覚えるようにしました。

小林　審査員も初太刀に注目しているし、初太刀がよければその後の立合を有利に進めることができるのはいうまでもありません。

宮崎　試合であれば奇襲攻撃ですぐに打ち込むということもありますが、審査でそれをやっても評価されません。打つべき機会で、打つべきところを打たなければならないので、そこを充実させる工夫はしました。

初めての体験　緊張で眠れなかった八段審査前日

小林　京都に入ったのは審査前日ですか。

宮崎　はい、そうです。京都に入ったらゆっくりしようと思っていました。五月一日は午前中、特練の稽古があったのでたっぷりと汗を流し、夕飯の時間に合わせて京都に着くようにしました。

小林　理想的ですね。一般的に調整法というと量を落としていくものですが、今回はどうでしたか。

宮崎　このときの稽古は疲れるくらいやりました。ホテルでゆっくりするためにも身体を動かしておこうと思ったのですが……。

小林　ホテルでは眠れなかった。

宮崎　そうなんです。目をつぶってもなかなか眠ることができず、もう一度、湯船につかったらますます身体がほてってしまいました。テレビをつけたり、目をつぶったりといろいろなことをしたのですが、なかなか寝ることができず、結局、眠ったのかわからないまま朝を迎えてしまいました。

小林　わたしも経験があるけど、そういうときの夜は長いですね。こんな経験は初めてですか？

宮崎　初めてです。試合前日もここまで眠れないことはありませんでした。アルコールも寝酒程度に入れていたのですが、まったくききません。とにかく暑くて、ふとんがかけられませんでした。

小林　百戦錬磨の猛者にして、このような状態にしてしまうのが八段審査なのでしょう。コンディションに問題は生じなかったですか。

宮崎　本来であれば寝不足なのでしょうが、緊張していたので不思議と眠くありませんでした。

小林　朝は何時に起きましたか。

宮崎　会場には二番目に入りましたので、けっこう早く起きたと思います。朝食は前日に準備しておいたのに受けつけませんでした。

小林　現役時代のとき、朝食はしっかりとっていたよね。それもできないくらい緊張していた。

宮崎　かもしれません。ゼリータイプの栄養食品を流し込みました。

小林　会場に入ってから審査がはじまるまでずいぶん時間があったでしょう。どう感じましたか。

宮崎　あっという間でした。会場に入り、打ち込み稽古で汗を流し、調整をしていたら審査になっていました。

小林　今回、四十六歳で一回目の挑戦でしたので、ある程度、自分の出番を予測できたはずです。だいたい最年少は一会場の一組目かそのあとくらいです。対戦相手もイメージできていましたか。

宮崎　ある程度は考えていました。

小林　立合の内容は覚えていますか。

宮崎　半分くらいです。はっきりと覚えているところもありますが、覚えていないこともたくさんありました。

小林　審査と試合ではやはり違いますか。わたしは受けたとき、別物と思いました。

宮崎　やはり違いますね。試合はこれまでたくさんやってきました。当然、試合では勝つということに主眼を置きますが、審査の場合、それとはちょっと違いました。総合的に評価していただくので、単に打つだけではない。奥深さを感じながら稽古をしてきたつもりです。

小林　それはあるね。審査員の心に響く一本を出すのは至難の業です。一次審査の合格から二次審査まで四時間ほどの待ち時間があったと思いますが、どのように過ごしましたか。

宮崎　ほとんど一階のフロアにいました。

小林　眠った？
宮崎　眠ってはいませんが、とにかく身体を休めるようにしました。
小林　剣道着は何枚用意しましたか。
宮崎　二枚です。朝、打ち込みを行なったあと、新しいものに着替えました。
小林　竹刀は？
宮崎　二本です。審査に向けて準備していた竹刀が神奈川で稽古しているときに壊れてしまうアクシデントもありました。道具も新しいものを用意していたのですが、本当にこれで受けて大丈夫なのか、迷うこともありました。
小林　なるほど。
宮崎　柄革はなるべく新しいものがよいと思ったので、ちょっとでも稽古で汚れてしまうと気になり、道具店にけっこう足を運んでいました。
小林　準備に細心の注意を払っていますね。普通だったらそこまで気にならないところですが、そこが宮崎君のすごいところです。二次審査の発表があったときは、ほっとしたでしょう。

宮崎　はい。試合なら優劣がはっきりとつきますが、審査は自分ではわかりません。形審査を終えたとき、「終わった」という気持ちから、目頭が熱くなりました。

平成二十年剣道特練監督就任　特練員十九年のすべてを伝える

小林　さて、視点をがらりと変えます。昨年より剣道特練の監督をつとめています。現役時代に心がけてきたことをふくめ、監督としてなにを伝えていきたいかを聞いていきたいと思います。現役生活は十九年、とても長いですね。思い出はたくさんあるはずですが、パッと思い浮かぶのはなんでしょう。

宮崎　なにかひとつというと困ってしまいますが、やはり全国警察大会の団体優勝は大きな思い出ですね。

小林　特練員として稽古をしているからにはそこをめざすのは当然ですからね。昭和五十四年のときは優勝メンバーだったかな。

宮崎　いえ、高校生でした。そのときの優勝パネルが武道館に飾ってありました。いつかは自分も優勝メンバーになりたいと思っていたんです。

小林　なるほど。

宮崎　でも、団体で全国優勝できたのは平成十年、十一年です。十一年はコーチを兼任していました。優勝できたのは引退する二年前です。

小林　それは長かった。「やっと」という気持ちのほうが強かったのかな。

宮崎　もちろんうれしかったですが、「長かった」という気持ちもありました。警察選手権や全日本選手権など個人戦では勝たせていただいたものの、肝心の全国警察大会で優勝できていませんでした。自分の存在意義はなんなのか……。そんなことも考えるようになっていました。そのような思いがあったので、念願成就したときはなんともいえない気持ちになりました。

小林　神奈川が連覇を果たしたときの試合は覚えています。二回とも相手は警視庁、しかも代表者戦でしたね。

宮崎　はい。一回目のときは副将で弟の史裕が引き分け、大将の自分も引き分けでした。同本数のまま代表者戦となり、警察大会は大将同士が戦うことになっているので、そのまま大将戦の続きとなりました。

小林　結果、優勝。神奈川県警としては十九年ぶりの優勝でした。わたしも現職でした。あれはうれしかった。翌年の決勝もまた激戦でした。

宮崎　よく覚えています。史裕が勝たないと負けが決まる場面、よくつないでくれました。

小林　そして大将戦で兄が二本勝ちして代表者戦でまた勝ちました。神がかり的な内容でしたが、本人としてはどうだったのかな。

宮崎　もう夢中ですね。五分で二本取らなければならなかったので構えている余裕などありませんでした。とにかく技を出して崩すしかない。そんな気持ちで試合をしていました。

小林　めまぐるしい試合展開でしたが、兄弟でよくつなぎました。弟はどんな存在なのかな。

宮崎　頼りになる存在です。警察大会のときも絶対に勝ってくると思っていましたし、その期待通りの活躍をしてくれます。調整法などはわたしとまったく別ですけれど、必ず結果を残してくれます。

小林　確かに対照的ですね。打ち込み稽古なんかも正裕君は時間をかけてやるのに対し、史裕君は納得がいくとパッと切り上げてしまう。

宮崎　どこまでやればいいのかを熟知しているのでしょうね。わたしはあのようにはできません。

小林　昨年、監督として全国大会の初陣に臨みました。結果は準優勝。当然、優勝を狙っていたと思いますが……。

宮崎　相手に応じてメンバーを入れ替え、常に工夫をしながら臨んだのですが、残念です。でも結果は結果ですので、二年目につなげるべく、いま特練員たちはがんばっています。

小林　選手として数々のタイトルを手にしてきましたが、特練員に対してアドバイスすることはありますか。

宮崎　いま、世代交代がすすんでいるところですので、だれにもチャンスがある状況なんです。数年後にはおそらくメンバーが大きく変わっているでしょう。本人の努力次第でレギュラーの座を手に入れられるときです。だからよく研究して、チャンスをものにしてほしい。それは言い続けています。

小林　世界大会のメンバーとの練習試合を見せてもらいました。うちからはレギュラー三人がえらばれていたので神奈川は若手をふくむ布陣でした。なかなかいい試合をしていました。指導の成果が表れているのでしょう。

宮崎　本人の努力です。試合は選手がするものですので、よい結果が出せるよう、わたしのもっているものはすべて伝えようと思っています。

昨日より今日を信じて　見取り稽古で活路を得た

小林　十九年間という長期間、特練員でいました。厳しい生存競争がある警察剣道のなかでこれほど長く現役生活を続けることができたのは本人の努力の賜物だと思います。十九歳で剣道特練に入ったときのことは覚えていますか。

宮崎　覚えています。なんてきついところなんだ、と思いました。当時、警察学校に入っているときは特練の稽古に参加しませんでしたので、一年間、学校で剣道の稽古はしたものの、特練とはまったく違います。いきなり、この世界に入ったので一日が本当に長かったです。

小林　いまは入校中も参加できるようになったそうですね。

宮崎　はい。もちろん授業に支障のない範囲ですが、特練の候補者にこちらの武道館に来てもらったり、ときには学校に特練員が足を運ぶことがあります。

小林　いきなりカルチャーショックを受けるということはなくなったわけだ。

宮崎　そうです。

小林 特練に入ったとき、監督はどなたでしたか。

宮崎 幸野実先生です。わたしは悪いくせがあり、とくに「継ぎ足」を厳しく注意されました。

小林 竹刀でビシッ、ですね。それでもレギュラーには二十二歳頃、定着していますが、振り返って「これがよかった」ということはありませんか。どんな小さなことでもいいので……。

宮崎 あんまり自分のことをいうのは本意ではないのですが……。もともとわたしの場合、将来が嘱望されて採用されたわけでなく、試合に出るにはまず職場の強い人に勝たなければなりませんでした。選手になるためには部内で勝つことです。

小林 当然ですね。

宮崎 団体戦なら七人、補欠をふくめても九番目以内に入らなければなりません。個人戦は二人です。そう考えると部内戦でも絶対に落としてはいけない試合というのがありました。ですからわたしは対戦相手の研究をよくするようにしていました。どんなに強い選手でも、くせはあります。よく観察していくとパターンがありました。見取り稽古です。

小林 最初は的中しなかったかもしれないけれど、研究を重ねていくと的中する確率が上がっていった。

宮崎 そうです。それが剣道でいう読みにつながったような気がします。たとえば次は面にこないとわかっていれば、面を捨てて勝負ができるわけです。小手にくるから小手・面で勝負しようみたいにやまをはりました。十九歳で経験も体力もない特練員がレギュラーの先輩方と勝負するにはまともにぶつかっていっても勝つことはできません。特練員として生き残るためにえらんだ選択でした。

小林　でも、読みがあたったとしても一本に決められるだけの打突力がないといけないわけですよね。

宮崎　そうです。だからとにかく打ち切ることを考えていました。打突部位にいった打ちはすべて一本にするという気持ちがいつもありました。

小林　来てからでは遅いですからね。捨てて打っていったところに相手が動いてくれたという技が理想ですね。読みがあたったときはうれしかったでしょう。

宮崎　本当にうれしかったです。弱い人間が強い人間に勝つには研究が必要だと思います。いま監督をさせていただいていますが、若手にはそこもアドバイスしています。

小林　それはいいことですね。わたしも剣道は読みだと思っています。感じ取ったことは稽古で使わず、本番で使ったこともありました。一回失敗するとそこは絶対に警戒してくるものです。

宮崎　一流選手になればなるほどすぐに修正してきます。

小林　それはありますね。でも、レギュラーを手中にしたあとも見取り稽古は欠かさなかったでしょう。とにかく試合や稽古を見ていた記憶があります。

宮崎　そうしないと生き残ることができなかったんです。勝ってナンボという教育を受けてきたし、結果を求めるのは警察剣道の宿命です。一勝で一生が変わるという気持ちで取り組んでいました。

テーマをもった稽古　打たれることを恐れない

小林　実際の稽古での工夫はありますか。いろいろあると思います。

宮崎　心がけていたのは「全力で最初から」です。体力を配分するような稽古ではなく、どこまで持つかという気持ちでやっていました。全力でやることが上達の近道と考えたからです。終わりを考えると人間、どうしても力を配分してしまうようになります。

小林　体力を温存するような稽古ですね。やはり出し切ることが大切です。昔の稽古はとにかく打っていくことを主眼としていました。わたしも「よける暇があったら打て、押さえている暇があったら打て」といわれたものです。

宮崎　試合を意識して稽古をしないといけないと思うのですが、試合と稽古は違うと思います。テーマをもって稽古をするなかで打たれるのであればいいと思うのです。

小林　打たれるということは、打てる機会を覚えることにもなりますしね。

宮崎　打たれることを怖がると自分の殻を破れないというか、進歩が止まってしまうような気がします。「剣道は打たれて強くなる」ということを先生方から教わってきましたが、テーマをもった稽古のなかで打たれることが大事であると自分なりに解釈しています。小手を狙っている人がいてもあえて面にいき、そこで小手を打たれたとしても「やはり打たれる」ということがわかるので収穫になります。

小林　確かにそうですね。仲間との互格稽古ではとくにそうかもしれません。

宮崎　そうですね。試合と同じ気持ちで稽古をすることは大事だと思うのですが、試合と同じように稽古をしていては新しい技が身につかないと思うのです。

小林　名言ですね。試合のような緊張感はあるのだけど、打たれることを極端に恐れている人もいます。

宮崎　稽古で恐れると、本番でも恐れてしまいますから、稽古では一本を出す。そして打突部位をとらえたら必ず一本にすることが大事だと思います。

小林　部位をとらえても一本にすることができないことがありますね。一流選手はそれがほとんどない。とらえたときは確実に一本にしている。

宮崎　そう思います。

小林　声がまずいいですからね。宮崎君の世代では、大阪の石田利也さんがその典型かな。

宮崎　石田先生の気合は常に一本にしてしまうような鋭さがあります。わたしも見習いました。部位にいったときは確実に一本にしています。

小林　でも石田さんも稽古のときは打たれることを恐れず、積極的に新しい技に挑戦していましたね。それはさておき、一人稽古はよくしたほうですか。

宮崎　稽古環境が充実していますから素振りなどはそれほど多く行なってはいないと思います。わたしの一人稽古といえばイメージトレーニングです。「ああしたら打てるのでは」「こうしたら打てるのでは」ということを想像しています。いまは監督ですから「こうしたらチームが勝てるのでは」ということを考えています。

小林　確かに稽古量は充分すぎるほどありますから、プラス一人稽古というのは無理があるかもしれませんね。イメージトレーニングはおもしろい。場所や時間を気にせずできます。

宮崎　電車で移動しているとき、寝る前など道場から離れているときが多いです。ふとした瞬間、ひらめきます。そのひらめいたイメージを次の稽古で試してみるのですが、実際はほとんどがだめなんです。ただ、たまにうまくいくものがある。それを自分のものにしていくんです。

小林　たとえばどのようなものですか。

宮崎　具体的に説明するのは難しいのですが、たとえば下から小手を打ち、そこをよけてくるから、さらにかわして面を打つ、といったようなものです。場面をイメージし、どうしたら一本につながるのかを考えるのです。

小林　実際の稽古でも取り入れていますね。たとえば団体戦で二本取らなくてはならない局面をイメージしながら稽古をする、一本リードしている局面をイメージしながら稽古をする、といったことをくり返していたと聞いています。

宮崎　それはやるようにしていました。常に緊張感をもった稽古をしなくてはならないので、その場面設定をした稽古法は役に立ったと思います。

世界選手権大会優勝四回　世界の舞台で心がけたこと

小林　いろいろお聞きしてきましたが、世界大会があと二ヵ月後に迫ってきました。神奈川からは高鍋進選手、北条忠臣選手、正代賢司選手の三人がえらばれました。十人中三人であり、最多です。わたしも監督を経験させていただきましたが、なんともいえないプレッシャーがかかるものです。最初に日本代表にえらばれたのは八十八年のソウル大会でしたね。

宮崎　そうです。あのときの大会は独特でしたが、強化訓練講習会が開始されたのもソウル大会を見据えてのことでした。

小林　強化訓練講習会の第一期生ですね。それから京都の世界大会まで二十年近く、日本の剣道を牽引してきました。四回の出場は宮崎君だけかな。

宮崎　石田先生が一緒です。大会はずれますが、京都の高橋（英明）先生がカナダ大会、フランス大会、京都大会、アメリカ大会と四回えらばれています。

小林　男子団体戦はなんとしても王座奪回をめざしてほしいところですが、後輩たちにアドバイスはありますか。

宮崎　模範を示して優勝するというのがいちばんかもしれませんが、それを思い込みすぎると自分の剣道ができなくなります。えらばれたことが名誉であり、えらばれたことに自信をもってほしいと思います。うちは高鍋、北条、正代がえらばれましたが、彼らには自分の剣道を思う存分やってきてもらいたいし、やり抜く義務があると思います。

小林　勝たねばならねど、勝つだけではならぬ、という立場もありますが、評価は第三者がするものです。まずは勝利に向かってまい進してもらいたいですね。

宮崎　不思議なことなのですが、二本勝ちしないといけない、面で勝たないといけない、などと思ってしまうんです。団体戦であれば五人が力を合わせて戦い、結果勝てばいいのですから、なかには価値ある引き分けというのもあります。警察でいやというほど勉強しているのに、世界大会では不思議なプレッシャーがかかり、がんじがらめになり、考えられないような心理状態になってしまうことがあります。

小林　審判も国際大会ならではのものがありますしね。

宮崎　日本では上がらないような技が一本になることがあるし、日本で一本になる技が一本にならないこともあります。

小林　日本では後打ちと思われるような技に上がることがありますね。たとえば面で決めているときに、その上がった手元に小手を打つと一本になることがあります。そういうことがある、ということを知っておかないといけないですね。

宮崎　打突部位にかすらせてはいけないと思います。とくに一本いったと思っても安心せず、相手に対して後打ちを許してはいけない。わたしはそういう気持ちで試合をしていましたし、日本で試合をしているという意識を持たないようにしていました。

小林　監督をしていてそれは感じました。返し胴と跳び込み面、日本であればあきらかに面なのに胴に上がってしまうこともありました。

宮崎　団体戦は五人制、しかも五分。引き分けが怖いですね。日本の選手は研究されています。おそらく五分間粘って引き分けに持ち込んでくる可能性もあるので注意が必要だと思います。取るべきところは取りながら展開していくことが必要だと思います。

小林　警察大会と違い、延長戦がないですからね。実力の差が結果としてあらわれにくい。

宮崎　それはありますね。でも、えらばれた男女二十人は日本代表として自信をもって自分の力を存分に発揮してもらいたいです。発揮すれば間違いなく優勝できると思います。

小林　そうすれば結果は自然とついてきますね。最後になりますが、宮崎君にとって剣道とはなんでしょう。

宮崎　一言では言い尽くせないものがありますが、感謝でしょうか。わたしは剣道があったからいまのわたしがあり、剣道でたくさんのことを勉強させていただいています。だから感謝なんです。

小林　いい表現ですね。ありがとうございました。

（平成二十一年六月一日）

現代は意思表示をしなければどんどん埋もれてしまう時代である

◆対談のお相手――

神山忠央

かみやま・ただお／昭和三十三年栃木県生まれ。栃木高から慶應義塾大に進み、株式会社電通入社。営業畑二十五年で営業部長、営業局次長を歴任し、衛星メディア局次長を経て、現在はプロモーション事業局次長。剣道は中学校からはじめ現在、五段。電通剣道部部長。

流行をつくっていくには新鮮な情報が必要不可欠

小林　広告代理店として世界最大規模を誇る御社。電通マンの激務はわたしも聞き及ぶところです。大学の剣道部で活躍していた方も入社されているようで、先日の関東実業団大会では久しぶりにベスト三十二まで勝ち上がりました。稽古をする時間などほとんどとれないでしょう。立派な成績だと思いました。

神山　ありがとうございます。いま剣道部員は三十人ほど在籍しているのですが、不規則な勤務状況なので平日、部員で集まって稽古をすることはできません。ただ、近所に日通さんや東京電力さんがあり、両社は本社に道場を持っていますので、各々参加したり、週末に大学に行ったりして稽古しています。

小林　御社に道場はないのですか。

神山　弊社の場合、海外からのお客様も多いので、本社をここにつくる際、剣道場をつくろうという話もあったんです。床板のフロアーがあれば畳を敷けば茶道や華道のセレモニーにも対応できますし、なにかと日本文化を紹介しやすい。残念ながら、実現はできませんでした。

小林　予算もありますしね。ということは神山さんも出稽古派ですね。

神山　そうです。築地警察署で稽古をさせていただいています。「築地木曜会」という一般の方を募った大人主体の稽古会があり、木曜日だけは予定を入れないで稽古に行くようにしているのですが……。

小林　やりくりするのはたいへんですよね。ただ、このような世の中を動かしていくような人たちが好んで剣道に取り組んでくださっていることはうれしいことです。さて、今日は剣道の普及についてお話をうかがいにきました。高校、大学で剣道選手として活躍した神山さんにとって剣道は心の拠り所であるとは思うのですが、だからこそ普及ということに対し、いろいろ思うところがあるはずです。

神山　部員たちとも普及についてはよく話をします。剣道が向かおうとしているところは大きく分けると二つあると思います。ひとつは精神的な修行を重視し、武道として発展させたいという考え方。もうひとつはスポーツとして人気を高め、最終的にはオリンピック種目となって、世界的なスポーツになるというものです。

小林　そうですね。どちらかというと武道としての剣道を推進していくという考え方のほうが主流でしょう。だからオリンピックという言葉を出すと、異端児扱いされてしまう雰囲気すらあります。

神山　剣道部員の意見も武道推進です。この二つの考え方はどちらかにまとまることはなさそうですね。われわれがブランドづくりのお手伝いをするとき、クライアントさんがどういう方向性にいきたいのかをまず確認するんです。剣道でいうならば世界のメジャースポーツになりたいのですか？　それとも日本古来の武道としての価値を高めたいのですか？　ということです。その立ち位置が明確になったとき、初めてPRのお手伝いができるのです。

小林　いままで剣道関係のお仕事をなさったことはあるのですか。

神山 もう十年以上前になりますが、京都で世界大会が開催されました。あのときポスターなどをつくらせていただきました。世界大会は剣道で最高峰の大会です。しかも、日本開催は札幌以来、十八年ぶりの開催でした。にもかかわらず世界大会が開催されることが世間には認知されていない状況でした。お仕事をいただいた立場としては、なんとか認知度を上げないといけない。クリエイターをつれてポスターの趣旨などをプレゼンさせていただいたところ、「剣道にPRはいらない」という考え方もあり、驚いたことを覚えています。

小林 どうしても「秘すれば花」といった考え方がありますからね。ただ、それは自分の修行上の問題であって、大会PRは別の問題だと個人的には思います。

神山 いまの時代、やはりメディアに取り上げてもらうことが大事なんです。剣道ファン、剣道家だけがわかっているという状況では認知度が上がらないし、新しい人が入ってくるチャンスが激減してしまいます。

小林 グラスゴーの世界大会のとき、NHKが栄花君（直輝）のドキュメンタリーをつくりましたよね。あのときの反響はすごかったです。

神山 よく覚えています。剣道をやっていない社員から「見たよ。剣道ってすごいね」と声をかけられました。

小林 剣道界にとっては大きなニュースでした。

神山 流行をつくる、ムーブメントをつくるには新鮮なネタを提供しないといけません。わたし個人としてはその素材が剣道にはたくさんあると思っているんです。たとえば先生も懇意にされている幼稚園では剣道を教えています。これは昨今の教育崩壊や礼儀の欠如といった観点からはかっこうの話題になると思います。

小林　神奈川県剣道連盟では、七年前から剣道祭を開催しているのですが、今年は昼休みを利用して、そこの園児たちに剣道の基本を披露してもらいました。素振りやすり足を集団でやるものなのですが、反響がありました。地元の新聞にも取り上げてもらえました。

神山　小さい子どもたちが凛々しく演武しているのですから、絵になるはずです。一般誌のコラムのネタとしてもいいと思います。

小林　やはり情報を継続して発信していかないと取り上げてもらえる機会は減ってしまいますね。

神山　各メディアには記者はいますが、当然、剣道は専属の人はいません。そうなると彼らにこちらから仕かけないと取り上げてもらえません。あるいはこちらが記事をつくってしまうという方法があります。月曜日の新聞はスポーツ欄が充実していますが、日曜が雨で中止になる競技がある。そうすると紙面があくので入り込める余地があるんです。

小林　地道な活動を続けると、メディアから声をかけてくることもあるんですか。

神山　親しくなれば当然あります。「なにかネタありませんか」ということになります。京都大会や高齢者大会、剣道は切り口によってはメディアに取り上げられる要素がたくさんあると感じています。

全日本剣道選手権大会　九段下を剣道一色にする

小林　剣道界のビッグイベントは十一月三日の全日本選手権大会でしょう。毎年、八千人近くの観客が日本武道館に足を運んでいます。もっと集客力をアップさせることができると思うのですが、そのあたりはいかがですか。

神山　あの荘厳な雰囲気はいいですね。ただ、残念なのは武道館に入らないと剣道大会をやっていることが認知できないことです。わたしは長くテニスのジャパンオープンのお手伝いをさせていただいた関係で、イギリスのウィンブルドン選手権を視察したことがあります。ご承知のようにウィンブルドンは、テニスの四大国際大会のひとつで、毎年六月に開催されています。イギリス・ロンドン南西部のウィンブルドンという町で二週間、開かれているわけですが、大会期間中は街がテニス一色なんです。

小林　なるほど。

神山　ウィンブルドンカラーといわれる緑と紫で街中があふれています。駅を降りるとテニス大会に来たということがわかり、気分が盛り上がります。それと同じとまではいわないまでも、九段下は剣道のメッカ、駅が全日本剣道選手権大会のポスターやノボリで埋められているくらいの演出はほしいと思います。「来たぞ」という高揚感が違います。

小林　たしかに関係者にしかわからないですからね。これは淋しい。九段下駅が剣道一色だったら過去、剣道をやっていた人も駅を通ったときに「行ってみよう」という気持ちになるかもしれないですね。

神山　そうです。剣道をやっていない人でも「覗いてみようか」という気持ちになるものです。その意味でも武道館に無料で入れるようなスペース、もしくは外にテレビを設置して中の雰囲気をわかるようにしたり、ノベルティーショップを充実させたりすることも必要になってくると思います。

小林　試合時間以外もあきさせないような工夫は必要ですね。試合がもちろんメインですが、それに付随して剣道を堪能できれば付加価値がつきます。

神山　そうです。だから大会のプログラムにもプロフィールだけでなく、前年度優勝者や注目選手の簡単なインタビューなどの読み物もほしいです。剣道情報だけでなく、家族構成や趣味なども載っていると親近感がわきます。ペット好きで毎朝、犬の散歩を日課としているみたいな記述があると、それだけで親しみがわきます。あと個人的には十歳代の選手にも門戸を開放してもらいたいです。男子プロゴルフは石川遼選手の活躍で復活しました。

小林　テレビ中継についてはいかがですか。全日本選手権は剣道界で唯一、毎年中継されている番組です。

神山　視聴率を調べてみたのですが、三パーセントという数値は決して高くはありませんが、ある意味、すごいと思います。休日の夕方、あの番組を約百五十万世帯の人たちが見ているのです。

小林　やはり九州のほうが視聴率がいいみたいですね。県民性もあるのでしょうか。玉竜旗も放送していますし、県大会レベルでも地元の放送局で中継されることもあります。

神山　全日本選手権はＮＨＫの中継なので、地方大会の模様なども番組に入れてほしいです。予選とはいえ、その県のチャンピオンです。代表になるということはたいへんなことだと思うし、選手を追うことで人柄が伝わりやすくなります。

小林　薄れたとはいえ、まだまだ郷土愛はありますからね。出身地や出身校が一緒というだけで応援することはよくあります。

神山　おっしゃるとおりです。あと相撲とかラグビーでは会場でＦＭラジオを貸し出しています。解説が聞けるサービスなのですが、そんな試みがあってもおもしろいです。剣道はわかりにくいところがあるので、ラジオでそれを補助してあげるとおもしろくなると思います。

小林　全日本選手権の場合、根付いていますから、変えられるところから上手に手を加えていけば、そんなに難しくないかもしれませんね。

神山　そう思います。予算もそれほどかけず、もっと親しみがわきやすいものができると感じています。十一月三日が剣道の日になることが理想です。

世界大会は絶好の機会　日の丸が大好きな日本人

小林　いよいよ八月に第十四回世界剣道選手権大会がブラジルで開催されます。神山さんも剣道愛好家なので当然、ご存知だとは思いますが、剣道界ですら世界大会が行なわれることを知らない人がいるような状況です。そのあたりはどう感じていらっしゃいますか。

神山　三月にWBC（ワールドベースボールクラシック）がありました。野球の日本代表の愛称は「侍ジャパン」です。侍という言葉が「芯の通った」「男気のある」といった意味で認知されているわけです。今回は、日本は王座奪回をめざしてブラジルに入るのですから注目されやすい。文字通りの「侍」日本代表が王座奪回に向けてこんな努力をしています、といったことをリリースしてあげれば取り上げるメディアは絶対にあるはずです。

小林　先ほどの新鮮な情報を提供してあげるということですね。注目されることで選手のモチベーションも上がります。

神山　日本人は基本的に日の丸が好きです。国を背負って戦う姿に感動したり、共感を持ったりするわけです。WBCだって、予選ラウンドではさほど注目されていませんでしたが、勝ち上がるにつれて注目度は上がっていきました。

小林　最後は、携帯電話でテレビを見ている人があふれていましたね。

神山　日の丸の力ですね。訴えるものがあります。実は三月の優勝後、野球は元気になりました。有料の衛星放送（スカパー！）でプロ野球は全チームの全試合が見られるのですが、阪神、楽天人気で大幅な加入者増になっています。

小林　なるほど。オリンピックが終わるとブームが起きるスポーツもありますね。

神山　北京オリンピックでいえばフェンシングでしょう。太田雄貴選手という一人の若手選手が銀メダリストを獲得したことでフェンシングの認知度がものすごい勢いで伸びました。

小林　フェンシング教室は盛況だったそうですね。わたしも若いころ、東京オリンピックの候補選手としてフェンシングをやっていたことがあるのですが、まさかフェンシングがあのような盛り上がりを見せるとは思いもしませんでした。

神山　先生はそういうご経験もあるのですか。それは存じませんでした。たった一人のスターの出現であれだけのことが起きました。

小林　ちょっと前ですがカーリングなんかもそうですか。

神山　そうです。一九九八年の長野オリンピックのときですね。美女軍団のチーム青森が活躍し、カーリングが人気種目になりました。わたしもたまたま現地で見たのですが、たしかにおもしろい。会場を離れることができませんでした。案の定、「自分もオリンピックに出られるのでは」という思いからか競技人口が増えました。

小林　やはり世界大会というのは、そういう求心力というか、エネルギーを持っているのですね。ブームは一過性のものかもしれませんが、それさえ起きないと波風も立ちませんね。

神山　まったくその通りです。いま、わたしの後輩が北京電通におりまして、剣道も現地でやっているんです。中国でも剣道が盛んになってきており、今年は世界大会に出場します。その中国で、剣道は韓国発祥のものと信じている中国人が大勢いると報告してきました。中国人の愛好家でどれくらいの人が韓国発祥と信じているのかはわかりませんが、正しいことを伝えていかないとたいへんなことになると感じた出来事でした。

小林　なるほど。日本人で剣道が韓国発祥と思っている人はまずいません。剣道発祥の国として正しい情報を継続的に発信していく必要はありますね。

剣道普及のポイント　大人の初心者も取り込め

小林　いろいろお話をうかがってまいりましたが、もし、神山さんが剣道普及についてお仕事をすることになったら、まず手始めになにをされますか。

神山　わたしは現在五十歳ですが、森田健作さんの『おれは男だ！』とか、漫画ではちばてつやさんの『おれは鉄兵』などがあり、一般人にも剣道が身近な存在でした。そうした影響もあり、剣道を続けているのかもしれません。剣道に関する映画やアニメーションに関わっていけたらいいと思っています。それが剣道普及にも少なからず貢献できると思っています。

小林　いま剣道を続けている人たちは少なからずメディアの影響を受けているはずですよ。神山さんたちの五十歳代は森田さんの『おれは男だ！』、六十歳代は『赤胴鈴之助』かな。三十歳代、四十歳代は『六三四の剣』ですね。『六三四の剣』に続く漫画がないのが残念です。

神山　『武士道シックスティーン』という小説があります。性格の違う少女二人が剣道を通して挫折や苦悩を知り成長していく青春エンターテイメントで、これが漫画化され、来春映画化されます。原作もおもしろいし、話題になると思います。女優は成海璃子、北乃きいという若手の人気女優を起用していますので、映画の宣伝をかねて剣道もPRできないかと考えているんです。

小林　それは楽しみですね。神奈川でも告知してみましょう。ところで団塊の世代が大量に定年を迎えます。子どもの人口を増やすことも大事ですが、大人の人口を増やすことについてはどうお考えですか。

神山　わたしは大賛成です。むしろそちらを充実させてもよいくらいです。お世話になっている築地警察署でも四十歳から剣道をはじめる一般の方がいるんです。剣道をはじめるきっかけは健康のため、竹刀を握ってみたかったなどさまざまですが、とにかく剣道をやってみたいというニーズはあるようです。

小林　でも、環境は充分とはいえないですね。

神山　そうです。入れてくださいといえばどこでも受け入れてはくれるでしょうけど、敷居が高すぎます。だから、大人の初心者でもはじめやすい環境を整えてあげることが大事かと……。彼らがはじめたらきっと子どもたちにも勧めます。

小林　それ、おもしろいですね。審査もあるので目標も明確になります。

神山　おそらく運動神経がいい人がはじめればすぐに二段、三段くらいにはなるでしょう。昇段すると同時に腕試しで試合に出たくなるはずです。そういった方々を対象とした大会があると、がぜん盛り上がります。

小林　アキレス腱を切らないように注意しないとですね（笑）。

神山　やはり目標があると張り切ります。東京マラソンがいい例だと思います。都心の観光地を走ることが、ジョガーの目標になりました。

小林　ブームが完全に定着した印象を受けますね。

神山　こうしたブームはやはり火をつける人がいます。剣道も戦略を立て、どのように普及していくのかを考えていくときに来ていると思います。

小林　剣道の技と一緒で偶然ではなく必然ですね。理合にかなった攻めで相手を動かし、こちらに引き寄せる。そんな感じでしょうか。

神山　そうですね。わたしは剣道に育てられてきた部分が多分にあります。やはり剣道愛好家として剣道がますます発展していくことを願うばかりなのですが、そのサポートをしていきたいといつも思っています。

小林　剣道愛好家の方々は各分野で優秀な方がそろっています。そうした人びとの知恵を借り、剣道の普及に努めていけばまだまだ発展していくでしょう。ありがとうございました。

（平成二十一年六月三十日）

一本を大事にあとは自分の剣道を出し切るだけ

◆対談のお相手――

寺本将司

てらもと・しょうじ／昭和五十年熊本県生まれ。熊本工大高（現文徳高）から国際武道大に進み、卒業後、大阪府警察に奉職。全日本選手権大会優勝、全国警察官大会団体優勝・個人二位、全国都道府県対抗優勝など。王座奪回が使命だった二千九年の第十四回世界剣道選手権大会では日本代表のキャプテンをつとめ、団体・個人優勝を果たした。剣道錬士七段。第十六回世界剣道選手権大会日本代表コーチ。

高まる鼓動　えらばれし十人のサムライ

小林　全日本剣道連盟が平成二十一年六月一日にブラジルで開催される第十四回世界剣道選手権大会の日本代表選手を発表してから一ヶ月が過ぎました。あらためて、どんなお気持ちですか。

寺本　今回で三回目です。やはり身が引き締まります。発表前に、内示はいただいているのですが、書面で日本代表にえらばれたという通知をいただくと、身体に電流が走るというか、率直に言って緊張します。日の丸を背負うという覚悟ができます。

小林　男子のメンバーは前回に続いて警察官十人。寺本君が最年長ですね。世界大会の経験者は寺本君をふくめて三人。神奈川県警の高鍋進君、警視庁の内村良一君です。

寺本　前回、団体戦を一緒に戦ったメンバーです。彼らも悔しい思いをしているので、大会にかける意気込みは相当なものがあります。

小林　男子団体戦準決勝で残念ながらアメリカに敗れました。試合会場にいたわたしでさえ、大きな衝撃を受けましたが、選手はそれ以上でしょう。試合に勝敗はつきものとはいえ、いままで負けたことがないですから、ひとつの区切りになったことは間違いありません。しかし、過ぎてしまったことは仕方ありません。今回はどんなチームになっていますか。

寺本　わたしが三十四歳、最年少の内村と正代（賢司）が二十九歳です。年齢差は五年しかないのでよくまとまっています。十人のうち熊本県出身者が五人（寺本、高鍋、古澤、内村、正代）ということもあり、地元ネタで盛り上がることもあります。その他の五人も強化に呼ばれる前から知っている者同士。一体感があります。北海道警の若生（大輔）は国際武道大学の後輩ですし、木和田（大起）は大阪府警の後輩。中野（貴裕）はとなりの京都府警でよく手合わせをしています。神奈川県警の北条（忠臣）はグラスゴー、台湾大会に向けての強化で一緒でした。やっとつかんだ代表の切符ですので期するものがあるでしょう。警視庁の松脇（伸介）はムードメーカーとしていい味を出してくれています。

小林　それはよかった。最後、十五人から十人に絞られたと聞いています。最終選考に残った田中（武志）君（京都府警）は小学生の頃からのライバルだったそうですね。

寺本　そうなんです。通っていた学校は違いますが、同じ校区。地区大会でよく試合をしました。地元の人間しか知らない話で恐縮ですが、西部地区剣道大会というのがあるんです。だから田中のことは小学校一年のときから知っていました。彼が通っていた道場は城西小学校というのですが、当時は地区でいちばん。うちの白坪剣道愛育会はそこそこ。よく試合をしていたんです。彼をふくめ残れなかったすべてのメンバーのためにもやるしかありません。

小林　正代君は道場の後輩なんでしょ。年齢差があるので稽古をする機会はなかったようだけど、出身道場の先生が「二年連続で日本一が出た」と喜んでいました。日本一が出ることがすごいことなのに、二年連続ですからね。

寺本　びっくりしています。特別な稽古をしているわけではないのですが……。

小林　身をおいているとなかなかわからないですよね。そうそう、組み合わせが発表されました。

寺本君は団体戦と個人戦に出場予定です。個人戦はすごいリーグに入りましたね。アメリカのC・ヤング選手、韓国のW・キム選手と一緒のリーグです。ヤング選手は前回、日本を破った立役者。キム選手は前回の優勝メンバーです。

寺本　優勝するにはどこかで対戦しなければならない相手です。全力で試合をするしかないです。彼らも国を背負って試合に臨むわけですから、まずは気持ちで負けないようにしたいと思います。

小林　個人戦には寺本君の他、若生、古澤、中野の三選手が出場予定です。中野君も予選リーグで韓国のC・チョイ選手と当たりますね。今回から男子個人戦は初日に行なわれます。予選リーグから盛り上がりそうですね。

寺本　ですね。期待に添えるようがんばります。

小林　団体戦は、順当に勝ち上がると韓国とは準決勝で当たります。試合はなにがあるかわからないので、あまり予想などするべきではないかもしれませんが、とにかくがんばってほしい、としか言いようがないです。

寺本　世界一になるには韓国もアメリカもいつかは対戦しなければなりません。組み合わせは変わりませんので、自分たちのできることを準備し、試合をするだけです。

台湾大会の敗戦を糧に　この三年間で心がけたこと

小林　二〇〇六年の台湾大会は男女個人戦、女子団体戦で優勝したものの、最終日の男子団体戦でまさかの敗退。準決勝でアメリカに敗れたときは「まさか……」という気持ちになりました。

寺本　整列したときの焦燥感は生涯忘れることはできないでしょう。いまでもはっきり覚えています。

小林　有効打突の奪い合いになりましたね。先鋒戦、日本の二本勝ちに始まって、次鋒、中堅、副将とアメリカと日本が交互に二本勝ちを収めて大将戦になりました。結局、アメリカが二本勝ちして勝利を収めるわけですが、このような展開になることは日本ではほとんどありません。有効打突はたくさん決まるものではないので、一本を大切にするようになります。そういった展開にはならなかったですね。

寺本　そうかもしれません。雰囲気が独特で、なにがなんでも二本勝ちしないといけないといった気持ちになりやすいと思います。

小林　本来だったら先行すれば、後続はその勝利を大事にし、試合を展開していきます。それが相手にとってはプレッシャーとなり、打ち急ぎ、あせりなどを誘発させることになります。そういう試合運びが世界大会では思うようにできませんね。

寺本　あきらかに日本で行なう試合とは違います。

小林　情報量に関してはどうだったろう。グラスゴーのときは大会前に選手候補は韓国の大統領旗剣道大会の視察に行きました。

寺本　それもあったかもしれません。相手はこちらを知っていて、こちらは知らない。やはり知らない相手と試合をするのは不安があります。今回は、韓国、アメリカチームの映像が提供されました。それをもとに研究するということはありませんが、情報としていただけたことは選手としてはとてもありがたいです。

小林 大統領旗も本当の選手候補が出場していなかったり、途中で敗れてしまったりして情報の質としては充分とはいえませんでした。でも、見たということが大きいと思う。

寺本 そうですね。今回はアメリカに行き、ナショナルチームと練習試合をさせていただきました。勉強になりました。

小林 韓国の印象はどうですか。

寺本 昨年、大阪に学生選抜が来ました。腰がすわっていて身体がしっかりしていますね。ナショナルチームの候補選手とは数年前に練習試合をしたことがありますが、簡単には打たせてくれません。

小林 以前は攻めもなく体力にまかせて技を出してきましたが、それが少なくなってきました。稽古ではしっかりと剣先を合わせ、ここぞという機会に技を出しています。思う存分、試合ができるかもしれませんね。

寺本 はい。相変わらず身体は大きく、パワーもあるとは思いますが……。

小林 警察で剣道をしているとやはり全国警察官大会を目標に稽古をすることになりますが、頭の片隅にはいつも世界大会のことがあると思います。この二年半、世界大会に向けて心がけていたことはどんなことでしょう。

寺本 団体戦は五人制で引き分けがあります。これは国内の大会にはないので試合展開に注意する

ようにしています。

小林　五分で引き分けというのは、引き分けに持ち込もうと思うとなんとかなってしまう時間です。警察大会のように三分の延長があると、本当に実力があるほうが勝ちやすくなる。とはいってもルールのなかで勝つしかないから、戦い方を研究する必要はあるでしょう。

寺本　強化合宿での練習試合は五人制で行なうこともあります。このとき、その感覚を養うようにしているんです。

小林　鍔ぜり合いなどはどうだろう。警察大会では五秒以上の鍔ぜり合いは反則になります。このルールを導入したことで引き技が決まることが少なくなりました。でも、世界大会は違います。

寺本　充分注意が必要です。

小林　韓国の選手は近間からどんどん技を出してきますからね。日本では技を出さないところからでも二の太刀、三の太刀ときます。

寺本　事実、世界大会で上がりやすい技、上がりにくい技というものがあります。最後は自分の剣道をやるだけなのですが、そういった点も気に留めています。

あの緊張からは逃げられない　プレッシャーを愉しむ覚悟

小林　わたしは二〇〇三年のグラスゴー大会で日本代表の監督をさせていただきました。寺本君の活躍は周知の通りですが、日本代表として戦うことは本当にプレッシャーがかかる。試合が終わったあと、この仕事だけはもう勘弁してもらいたいと思ったくらいでした。

寺本　世界大会だけは本当に独特です。国内の大会と同じように戦おうと思うこと自体が間違いなのかもしれません。たとえば日本の剣道会場では声援は禁止ですが、世界大会では「応援は拍手のみでお願いします」という館内放送は絶対にかかりません。韓国の応援席もすごい声援だし、やはりお国柄というのはあると思います。日本はそれに合わせる必要はないと思いますが、どうしても大声援のなかで調子が狂ってしまうことがあります。

小林　それはあるね。でも、寺本君の場合、そういったプレッシャーとは無縁のような感じがしたけど……。

寺本　とんでもないです。もう心臓がバクバクと鳴っています。

小林　でも、そのプレッシャーを克服しないと自分の力は出せないですよね。日本は世界中の選手が注目しています。前回、団体戦で敗れてはいますが、ブラジルでもそれは変わらないと思います。

寺本　わたしもそう思っています。

小林　日本の剣道を学びたいという人はまだまだ圧倒的に多いですからね。

寺本　それこそ道場の出入りから、礼法、打ち込みなど全部見られています。

小林　まったくその通りです。

寺本　西山（泰弘）先生には道場にジャンパーを着て入っただけで厳しく叱責されました。その理由は「日本の選手は全部見られているから」でした。今回のメンバーにも世界中から注目されることは伝えています。それを覚悟して行動しないと自分の力が出せなくなります。

小林　いまの代表選手はさほど意識しなくても立派だと思いますよ。そもそも代表にえらばれていることは、できているということですからね。全日本選手権などで所作を見ているけれど、実に整然としています。

寺本　まだまだ至らない点もあると思いますが、そう評価していただけることはとてもありがたいし、自信になります。

小林　プレッシャーがかかることは仕方ないですね。問題はそれにつぶされないということ。

寺本　うまいこと試合が進んでいるときは気にならないのですが、取られたり、かすられたりすると会場がワッとなります。世界大会は四つの試合場で行ないますが、注目しているのはこの試合しかないことがすぐにわかります。

小林　グラスゴーのとき、日本選手の試合運びに対し、ブーイングが起きていましたからね。そんなことは日本ではありえないけれど、それが世界大会なんですね。これは体験しないとなかなかわからない。プレッシャーを愉しめるくらいになるといいのだけど、難しいよね（笑）。
寺本　難しいですね（笑）。でも、そうなるようにはしたいです。
小林　大丈夫でしょう。ただ、世界大会とは本当に不思議なところで、これは宮崎（正裕）君も言っていたのだけど、二本勝ちしないといけない、面で勝たないといけないなど、日の丸を意識しすぎると目的を見失ってしまうことがあります。試合ですからまずは勝つ。これがいちばんの目的のはずですが、内容を問いすぎてしまうのです。
寺本　それはあるかもしれません。
小林　団体戦は五人が力を合わせて戦い、結果勝てばいいのですから、なかには価値ある引き分けというのもあります。個人戦であればどんなに延長戦を重ねても一本を取れば勝ちです。
寺本　わかっているのですけど、余計なことを意識してしまう。今回は、そのことを共通認識として選手全員で共有するようにしています。

めざすは王座奪還のみ　自分たちのすべてを出す

小林　世界大会に臨むにあたり、合宿も残すところあと一回になりますね。
寺本　最後、男子は警視庁、女子は大阪府警です。
小林　覚悟が決まっている感じですね。
寺本　準備は完璧ではないかもしれないけれど、覚悟を決めるしかない。そう思うようにしています。

小林　グラスゴーのときに若手だった寺本君が今度はキャプテンです。時間が経つのは本当に早いですね。

寺本　小林先生には本当に感謝しているんです。試合実績のないわたしを十人の選手に入れていただいたのですから。

小林　努力はよく覚えていますよ。最初はまあまあだったんだけど、最終選考の数ヶ月前からぐんと伸びてきました。なにかをつかんだのでしょう。

寺本　グラスゴーのときは最後十六人から十人に絞られたのですが、十六人に残った時点でうれしくて実家に電話をかけたくらいです。

小林　なるほど。そのあとの十六人総当りのリーグ戦は一番でしたね。のちにキャプテンを務めた平尾（泰）君、団体戦で大将を務めた栄花（直輝）君らをおさえての一番は立派です。

寺本　リーグ戦の前に、大阪府警の平田（裕亮）さんから「一番だったら入れる可能性があるかも。二番、三番だったらおそらくないだろう」と言われていました。だからだめもとでやってみたのですが、まさか一番とは……。

小林　最終選考は講師にも意見を聞きました。寺本君の名前は全員があげていましたよ。えらばれるためにあらゆる努力をしたでしょう。

寺本　わたしの場合、期待されて呼ばれた選手ではないのでまずは「大阪の寺本」を先生方に知ってもらわなければなりません。だから準備体操のときの位置取りを大事にしていました。

小林 どういうことですか。

寺本 とにかく一番前に並ぶ。上座は先輩方ですのでいけませんが、下座でも絶対に一番前にいるようにし、体操や素振りで目立つようにしていました。その横に必ず高鍋がいました。素振りはとにかく一本一本をおろそかにせず、真剣に振ること。それが先生方の心に響くと思っていました。

小林 それは大事ですね。意気込みが伝わってくる。そういう小さな努力の積み重ねがあったのですね。ところで、グラスゴー大会のとき、今だから言いますが、代表者戦に寺本君を起用してもいいと一瞬、考えたんですよ。

寺本 本当ですか?

小林 本当。勢いがあったしね。でも、ここまで大将を務めてくれた栄花君にすべてを託すことにしました。彼はその期待に応えて見事な片手突きを決めてくれましたが、そのくらい寺本君の評価は高かったんです。

寺本 ありがたいですけれど、あの試合を見て、「自分は絶対に戦えない」と思っていました。

小林 でも、いまは戦えるでしょう。

寺本 その準備はしています。自分がかつて大将を務めてこられた先生方には及ばないことは百も承知です。でも、ブラジルの世界大会はこのメンバーで戦うしかない。台湾大会が終わってからはブラジル大会で優勝することを目標に稽古を積んできました。完璧とはいえないかもしれませんが、もう腹をくくるしかありません。

小林 寺本君は、代表という意識はもともと高かったですね。

寺本　十人にえらばれてから意識を高めようとしても遅い。栄花先生から教えていただきました。たしかにその通りです。だから、強化訓練に呼ばれたときから「日本の寺本でいよう」と勝手に思い込むようにしていました。こう考えると日ごろの行動が少し変わってきました。

小林　それは大事なことですね。求めるものが高くなればなるほど恥ずかしいことはできなくなるものです。では、最後に日本代表を応援する人たちに一言お願いします。

寺本　「優勝旗を持って日本に帰ってきます」と胸を張って言いたいところなのですが、いままで大きいことをいうと失敗しているので、「全力を尽くします」。それだけにさせてください。

小林　心は静か、気は明るくですよ。日本の剣道愛好家はみんな応援しています。

寺本　みなさんの応援が本当にエネルギーになります。選手発表後、「がんばってください」など声をかけてもらえるようになりました。うれしいです。

小林　日本を背負うことができる。たいへんなことですが経験したくてもなかなかできません。日本代表として自信をもってやれば絶対に優勝できると思います。期待しています。

（平成二十一年六月九日）

ヒトは躾《しつけ》で人となる
世界に恥じない人間をつくる

◆対談のお相手――

小山昭雄

こやま・あきお／昭和九年神奈川県生まれ。東京農業大卒業後、神奈川県内の小学校、中学校に勤務。昭和四十二年湘南やまゆり幼稚園副園長、昭和四十九年学校法人湘南やまゆり学園理事長に就任。「お母さんに勝る教育はあっても、お母さんに優る保育はなし」をモットーに、幼児教育に力を入れた幼稚園を神奈川県内で八園経営する。そのうち六つの幼稚園で剣道を正課に取り入れている。現在も学園長として現役で活躍している。

母に優る保育なし　母に勝る教育あり

小林　小山理事長は、湘南やまゆり学園の理事長として茅ヶ崎市をはじめ横浜市などで八つの幼稚園を経営されています。「引越ししてでも入れたくなる幼稚園」として話題になったこともあるくらい、注目された幼稚園であり、実はわたしの孫もお世話になっていました。まずは躾の大切さからお話をうかがえればと思います。

小山　ちょっと乱暴な言い方になるかもしれませんが、躾はヒトを動物から人間に変える作業だと思うんです。

小林　なるほど。

小山　猫は戸を開けて出て行くことはできますが、閉められません。人は戸を開けたら閉めることができます。もちろんできない人もいますが、教えればできるようになります。

小林　確かにそうですね。開けることはできても閉めることはできない。

小山　動物には恥がありません。しかし、人間には恥がある。だからみっともないことはしないし、悪いことはしないようになります。

小林　その意味で廉恥《れんち》という言葉が薄れているのは残念なことですね。人間として恥ずかしいことはしない。そう教えるだけで解決できることがたくさんあると思います。

小山　まったくその通りだと思います。それと動物は食べ物を分け合って食べることができません。

強いものから先に食べていきます。食べ物を分け合うことができるのは人間だけです。

小林　ライオンはライオン同士では獲物を分け合いますが、他の動物へ分け合うことはしません。やはり人間だけに与えられた能力なのでしょう。

小山　譲れるというのは人間と動物の違いですよ。動物は絶対に譲りません。とくに「お先にどうぞ」と譲り合えるのは、日本文化の真髄ではないでしょうか。日本は島国ですから、あるものを分け合って助け合いながら生きるしかない。

小林　そこから「ありがたい」「もったいない」といった日本人ならではの心ができてきたのでしょう。

小山　そうです。

小林　その躾に関してですが、「だいじょうぶなのか」と危惧する声が聞こえてきています。昔の日本では、他人に迷惑をかける子どもがいたりすると、そこにいる大人たちが注意したものです。子育てに対して親は親としての役割を果たすことは当然ですが、まわりの大人たちも子どもの教育に少なからず影響力をもっていました。

小山　子どもが不躾なことをしても注意することはなくなりました。他人に迷惑をかけてもだれも注意しなければ、その行為が悪いということも教えられません。

小林　先天的にできるということはほとんどないですね。やはり教えなければできないし、教えればできるようになる。

小山　まったくその通りですね。わたしは、躾は「つ」のつくうちだと思っているんです。ひとつ、ふたつ……の「つ」です。つまり「九つ」まで。九歳までにしっかりと躾けてあげることが親として重要な仕事になります。

小林 「鉄は熱いうちに打て」ですね。躾は、人が人として生きていくために必要な、大切な要素です。

小山 躾は身体に教え、教育は心を育てることだと考えています。やまゆり幼稚園では大事なお子さんを預かった以上、幼稚園としてしっかり教育します。お母さんに優る保育はありませんが、お母さんに勝る教育はあるからです。どんなに幼稚園が素晴らしくても、幼児の命を守り愛情を通して育てることはお母さんにかないません。ですから幼稚園ではお母さんに負けない教育をするという心構えで取り組んでいます。

小林 やまゆり幼稚園の卒園生はわかるそうですね。小学校の入学式のとき、きちんと並ぶことができ、おしゃべりもしないという評判です。小学校の先生もとても助かるそうです。

小山 ありがたいことにそういう評価をいただいています。でも、きちんと並ぶことができる、靴をそろえることができる、挨拶をすることができるということは人間にとって当然のことと言えば当然です。

小林 やまゆり幼稚園で働いている先生方は本当に気持ちのよい挨拶をされます。電話をかけてもハキハキされていて気持ちがいいです。

小山 子どもに「挨拶をしなさい」と教えているからには、先生も模範となるような挨拶をしないといけないからですね。それは徹底するようにしています。

小林　大人が模範を見せること。躾はこれに限りますね。もうだいぶ前のことで恐縮ですが、「先生を尊敬しているか」という規範意識調査で、日本以外の先進国では「イエス」と答えた生徒が八十パーセントを超えているのに対し、日本ではわずか二十パーセント程度という結果もあります。同様に「親を尊敬しているか」との調査では、八十三パーセントであったのに対し、日本は二十五パーセントという数字でした。

小山　わたしも聞いたことがあります。とても残念なことですが、わたしたち大人がしっかりしないといけません。

少しの変化も見逃さない　子どもはほめて伸ばすが一番

小林　女子マラソンの名監督の小出義雄氏は「どんな子でも必ずいいところがあるから、よく見ていて間髪入れずにほめる」と言っています。シドニーオリンピックで金メダルを獲得した高橋尚子選手もほめて育ててもらったのかもしれませんが、ほめるということは指導・育成する上で重要なポイントだと思います。

小山　「よくやった」「がんばった」と言われれば大人でもうれしいですからね。子どもだったらなおさらです。わたしもほめて伸ばさないといけないと考えています。

小林　教育技術ですね。

小山　そうです。ほめて引き出してあげることが大切です。

小林　わたしも子どもたちを指導するときがあるのですが、「いまのは八十点、百点」など点数をつけて励ましてあげると本当に満面の笑みを浮かべます。そういった心がけで子どもはどんどん伸びていくと思います。

小山　そうですね。それには子どものちょっとした変化も見逃さない、指導者の目配り、心配りが大切です。

小林　ただできた、よかったではなく、考え方や行動、性格、習慣などパーツにわけてあげてほめることですね。それにはやはり見ていないとできません。わたしもいろいろな人と稽古をする機会があるのですが、稽古後、少しでも上達したところがあれば、そこを指摘するようにしています。たとえば「構えがよくなった」「発声がよくなった」「打突が強くなった」などです。

小山　そうでしょうね。ほめられればうれしいし、うれしいからまたがんばるようになります。目の輝きが違ってきます。

小林　ほめ方のポイントはありますか。

小山　まずは子どもたちをちゃんと見てあげることでしょう。話し方、声をかけてあげるタイミングなどのテクニックはありますが、まずはこの先生は見ていてくれるという安心感を与えることです。

小林　見ていない人からほめられてもピントがずれているので、子どもでもお世辞とわかってしまいますからね。

小山　大人でもそうでしょう。やまゆり幼稚園は、体操などは外部の体育指導会社に委託していま

す。その社長さんに必ず指導者の先生の様子を視察してください、とお願いしています。指導員も見られれば張り切るし、見ている人から指摘されれば納得もいくはずです。その意味で、まずは見るということが大切だと思うのです。

小林　あとは子どもたちを信頼してあげることですね。

小山　子どもは約束しても、できることもあればできないこともあります。そういう存在なんです。ですから守れなかったことを指摘するのではなく、守れない理由を考えてあげることです。そのくり返しで、子どもは躾けられ、伸びていきます。

小林　根気が必要ですね。

小山　そうです。根気が必要です。やまゆり学園では「泣かない子（我慢できる子）」「負けない子（意欲のある子）」「嘘をつかない子（誠実・正義感のある子）」「いじめない子（寛容・思いやりのある子）」「風邪をひかない子（元気な子）」を教育目標としています。これら五つの項目を満たすには教師がみずから手本となり、根気よく導いていくことが大切だと思っています。

小林　「凡庸な教師はよくしゃべる。よい教師は説明する。優れた教師はしめす。偉大な教師は心に火をつける」といわれています。やまゆり学園の先生方は子どもたちの心に火をつけているのでしょう。

小山　そうありたいですが、まだまだ勉強中です。ただ、子どもの吸収力はとにかくすごいので、それに応えてあげられるように努力しています。

やまゆり学園の伝統　剣道を授業に取り入れる

小林　やまゆり学園では昭和五十九年から剣道を正課として取り入れていますね。年長組（五歳児～六歳児）を対象に週一回行ない、さらに朝練習も週一回あります。先生とも剣道がご縁で親しくさせていただくようになったのですが、素晴らしい内容で、剣道連盟の関係者も、その授業を見て驚いていました。

小山　そう言っていただけることは光栄です。

小林　あまりにも素晴らしい授業なので、三月の神奈川県剣道祭で、園児たちに集まってもらい披露してもらったくらいです。もともと剣道を取り入れるようになったきっかけを教えてください。

小山　わたし自身、剣道の経験は小学校のときの遊び程度なのですが、躾には剣道がよいと思っていました。それで、いつか剣道を幼稚園で行なってみたいと思っていたのですが、最初は課外授業としてはじめました。

小林　なるほど。

小山　幼稚園がはじまる前の朝練習だけでした。希望者のみ週一回ではじめたのですが、子どもたちが五人、十人、十五人と増えていき、子どもたちが剣道の練習があるときは「お母さん寝坊しないで」「お父さん明日送っていって」と懇願するようになっていったんです。そのくらい子どもたちが興味意欲を持つようになっていきました。

小林　子どもは棒をもって遊ぶのが大好きですからね。それが剣道につながっていった。

小山　そうだと思います。そうこうしているうちに正課でやってもらいたいという要望が保護者から出てきました。幼稚園は送迎バスを使って通学する子どもたちがほとんどで、朝練習のときはバスが走る前にこなければなりませんでした。ですから遠方の子どもたちは車で送ってもらえれば剣道の朝練習に出ることが可能ですが、それができない子どももいました。そういった子どもたちからも剣道をやりたいと言い出したのです。

小林　だから正課として取り入れるようになった。

小山　そうです。担当した剣道の先生は、剣道経験がまったくありませんでした。でも、体育の指導者としては一流で、この授業のプログラムを幼児教育の視点から作り上げてくれました。

小林　園児全員で発声させるなど、いたるところに工夫があります。「剣道の約束」を唱和させるのもいいですね。

小山　道場に入ったらおしゃべりをしない。大きな声で元気よく挨拶をする。道場では泣かない。嘘をつかない。我慢強い子になる。この五か条ですね。やまゆり幼稚園の教育目標とかぶるものもあるのですが、大きな声で唱和すると、そうなろうと子どもたちの心に自然にしみこみ、そういうものだと身体で覚えるようになります。

小林　躾に理屈はないですね。

小山　当初はおしゃべりをする、返事が小さい、泣くといった問題点があり、それを剣道の約束として宣言させることで、「やらなければならない」という気持ちにさせるねらいもありました。

小林　子どもの吸収力は本当にすごいですね。四月から授業がはじまり、三月には切り返しができるようになっています。

小山　四月は整列・正座・黙想・座礼、発声、足さばきで終わりです。五月に入ってから竹刀を握らせます。

小林　やはり園児ですから礼法を教えるのに一ヶ月はかかりますね。とはいっても週一回ですから約三回で教えてしまうのですね。

小山　十二月までに小手・面打ちをできるようにしています。切り返しは年明けから教えていますが、剣道技術を身につけるというより、剣道練習を通して躾をするということに重点を置いています。

小林　太鼓の音に合わせてきびきびと動く子どもたちの姿は本当に素晴らしいですね。心が洗われます。あの太鼓の効果もありますね。

小山　ドンドンドン……と太鼓を叩くと急がなければならないという気持ちになりますし、素振りのリズムに合わせて太鼓を叩くと振りやすくなります。

小林　授業は四十分でしたね。五歳の子どもが四十分間も集中を続けられるのは先生方の工夫のたまものです。これはすごいですね。小山先生のご尽力により剣道を授業に取り入れる幼稚園が増えています。

トップの条件　決断して責任をとる

小林　ところで先生は神奈川県内で八つの幼稚園を経営されています。授業に剣道や茶道を取り入れるなどユニークな取り組みをされていますが、そのようなプランは先生がお考えになっているのでしょうか。

小山　もちろん有識者に相談はしますが、原則はそうですね。わたしは多数決というのはあまり好きではないんです。責任の所在があやふやです。多数決は密度が薄いです。といって独裁もいけないと思いますが……。

小林　決断をすることがリーダーの仕事です。その代わりなにか起きれば責任をとらなければならない。

小山　そうですね。最近は責任をとる人も少なくなっているのが気がかりではありますが……。

小林　先生が仕事をされる上で心がけていることはありますか。

小山　自分の仕事に百パーセントのエネルギーを出すということだと思います。これはやまゆり学園で働く教員・職員にもお願いしていることです。手抜きをしないで全力でやる。これが自慢できる職場になっていくと思います。たとえば百メートルを十秒で走れる人もいれば三十秒でしか走れない人もいます。そんなとき十秒で走れる人が「では、わたしも三十秒で……」ということではよい職場にはなりません。十秒の人が手抜きをせずに、十秒で走るから、遅い人もさらにがんばらなければいけないと思うようになるのです。

小林　大事ですね。

小山　手抜きをしているとみにくいですよ。相手に対しても失礼だと思う。

小林　剣道でもありますね。実力差があるとどうしても手を抜いてしまいがちになりますが、それが相手にも伝わります。全力でやることで相手も気持ちよく稽古できます。全員が全力で仕事にあたることでチームワークもよくなります。

小山　そうです。1＋1＝2、ではなく1＋1が10にも20にもなります。複数で取り組めばとても大きなことができるようになります。

小林　消防活動でも自動車を運転する人、ホースを持つ人、ケガ人を助ける人などいろいろな役割の人がいて、その全部の気持ちがひとつになったとき、よい効果が出ます。

小山　縁の下の力持ちと言いますが、土台があるから上が安心していられるのです。見えるところが立派でも見えないところが駄目となったら地震がくれば簡単に壊れてしまいます。

小林　組織をまとめる上での秘訣はございますか。

小山　十人で走れば必ず一番から十番までいます。わたしが心がけているのは十番の面倒を見ることです。別に十番だからといって悪いことはなにもない。十番の面倒を見て、十番の力が上がれば、全体の底上げができます。みんなが大事なのです。それがわからない理事長は駄目ということでしょう。

小林　そうですね。

小山　一番はなにもしなくてもできます。往々にして一番をほめて十番をけなしてしまうものですが、それでは伸びません。十番をほめれば一番もさらにがんばるようになります。

小林　なるほど。

小山　経営難に陥ると下を切ってしまいますが、それではなにも変わりません。

小林　トップの人は不平をもらしませんか。「わたしだけ……」みたいなですね。

小山　仕事がたくさんある。これはうれしいことですよ。活躍する場面がたくさんあるわけですからね。そう説得するようにしています。

小林　先生方の採用は神奈川県内が多いのですか。

小山　いいえ、うちは全国から採用しています。いい人材を集めたいと思っていたので、保育がある短大や専門学校に採用の案内を出しました。そうしたところ、多数の応募があったので、いまも続けています。教員の半分くらいが県外の人たちです。

小林　「企業は人なり」ですね。

小山　そうです。「苗半作」です。

小林　苗半作……？

小山　米づくりでは昔から、「苗半作（なえはんさく）」といっています。よい苗木を植えれば収穫は半分成功したようなものだ、という意味です。逆に、悪い苗木を入手してしまうと、収穫が期待できず、管理も大変です。

小林　なるほどですね。先生のご指導により学園で働く先生方はどんどんよい苗木となっているのでしょうね。今日はありがとうございました。

（平成二十一年八月二十日）

最多四度目の全日本女子選手権優勝
一試合ごとに集中力が上がっていった

◆対談のお相手――

村山千夏

むらやま・ちなつ／昭和四十九年新潟県生まれ。新潟誠雄館で竹刀を握り、左沢高から筑波大に進む。高校時代は三冠（全国高校選抜・インターハイ・国体）を達成。大学時代は全日本学生大会個人・団体優勝。卒業後、新潟県警察職員を経て埼玉県警に奉職。全国警察選手権大会優勝、国体優勝など。全日本女子選手権大会は三十一歳で初優勝、その後、五回優勝を遂げる。平成二十五年第五十二回大会で二十回目の出場を果たした。現在、埼玉県警察学校教官。剣道錬士七段。

四回目の勝利は自然体　いつもの千夏に戻っていた

小林　決勝戦、見ました。快勝でしたね。得意の面が二本、見事に決まりました。あらためて優勝おめでとうございます。

村山　ありがとうございます。自分でも信じられない内容でした。ただ、世界大会、全国警察と結果が出せていなかったので、この大会は「がんばろう」という気持ちはありました。

小林　そうでしょう。試合する姿から気迫が伝わってきました。

村山　そうですか。試合をしているときは夢中ですので、自分ではよくわからないんです。ただ、自分の打ち間に持っていこうという気持ちで試合をするようにしています。あとは身体にまかせているというか……。

小林　技というものは本来そのようなものでしょう。頭で考えた技は、ほんとうの技ではないですよ。自分でも覚えていないから相手もよけられない。わたしはそのように考えています。今大会ではそれができていたのではないかな。

村山　ありがとうございます。

小林　一回戦は佐賀の鶴田典子選手でした。佐賀大学の四年生で初出場。相手は村山さんの情報をたくさん持っているけれど、村山さんははじめての相手です。けっこうプレッシャーがかかったと思います。

村山　一回戦はやはり緊張しました。もともとプレッシャーがかかるほうなのですが、先生がおっしゃるように、どのようなタイプなのかもわかりません。試合がはじまるまではドキドキでした。

小林　結果は最大の武器である豪快な面で二本勝ちでした。

村山　たまたまです。

小林　二回戦も初出場の浜田ひな子選手（山口）。東海大出身で学生時代は全日本女子学生優勝大会で入賞していますね。小手の一本勝ちでした。ここまでは慎重な戦い方でしたが、三回戦から快進撃となりました。四試合すべてで面の二本勝ちです。

村山　とにかく先を見ることなく、目の前の試合に集中しようと思っていました。いま振り返ると世界大会の個人戦、警察大会ではそこがうまくいかなかったのかもしれません。

小林　なるほど。世界大会はとにかく雰囲気が独特ですからね。勝敗はともかく、わたしは村山さんが二大会ぶりに世界大会の候補に選ばれたことに価値があると思っているんです。二大会連続、三大会連続ということはよくありますが、ふたたび選出されるというのははじめてのことです。

村山　ありがとうございます。台湾大会のときは最終選考で勝てませんので、自分では納得していました。ただ、グラスゴーで経験したあの感動をもう一回、味わいたいという気持ちでブラジル大会に挑戦してみようと思いました。

小林　今回はキャプテンでしたね。この三年間はチームをまとめる立場にありました。

村山　生まれてはじめてキャプテンをさせていただきました。

小林　そうなの？　高校、大学ですでに経験していると思ったけれど…。

村山　いえ、最初で最後になるでしょうが、キャプテンをさせていただいたのが日本代表でした。プレッシャーは正直、大きかったです（笑）。

小林　日の丸を背負うというのは特別なものですからね。それで、ブラジル大会のメンバーに見事、返り咲いたのですね。二大会ぶりの選出は、村山さんと新里（知佳野）さんでした。全日本女子に話を戻しますが、奇しくも準決勝で対戦していますね。

村山　そうです。彼女も鋭い面が持ち味で、二本目、完璧に打たれました。準々決勝から試合時間が十分になるのですが、ここでは守ろうという気持ちが出てしまいました。その気持ちが足の動きを止めてしまったようです。

小林　剣道は気持ちのあり方で明暗が分かれますからね。それでも最後は面を取りました。新里さんは相当圧力がかかっていたようです。

村山　自分としてはただ必死にやるだけでした。一本取られたことでまた攻撃を緩めてはいけないと思ったことがよかったのかもしれません。

小林　世界大会、警察選手権と不本意な結果でしたので、うれしかったでしょう。

村山　試合は国体も都道府県も世界大会も変わらない気持ちでやるようにしています。その積み重ねが結果になったのかもしれません。

初出場は平成四年　十二回目の挑戦で初戴冠

小林　全日本選手権は十六回目の出場ですね。初出場は平成四年、左沢高校三年生のときでした。

村山　会場は大阪の守口市民体育館だったですね。その後、会場は名古屋市に移り、さらに静岡になりました。ずいぶん長い間、出させていただいています。

小林　左沢高校といえば全国優勝を何回も果たしている名門です。ご出身は山形？

村山　いえ新潟です。新潟市松浜というところです。

小林　剣道をはじめたのはいつからなのかな？

村山　幼稚園の頃、母が「礼儀作法を学ばせたい」ということで新潟誠雄館を見学させてもらったのがきっかけでした。はじめて剣道を見たときは「かっこいいなあ」と感動したのを覚えています。

小林　剣道は子どもをひきつけるなにかがあると思いますよ。決して3Kなどと揶揄《やゆ》されるようなものではない。

村山　最初のうちは防具をつけないので楽しかったですが、防具をつけてからがたいへんでした。打ち込み稽古に切り返し、掛かり稽古とつらいメニューが盛りだくさんで、仮病をつかうことばかり考えていました。

小林　掛かり稽古はつらいよね。でもやめるにはいたらなかった。左沢高校に進学を決めたのは、恩師となる斎藤学先生の影響ですか？

村山　そうです。中学校の県大会団体戦で準優勝したのですが、その頃、斎藤先生とお会いすることがあり、「左沢で剣道をしてみないか」と、お誘いいただきました。松浜中学校には剣道ができる顧問の先生はいませんでしたので、自分たちで練習していました。練習場所も他の部活と体育館をローテーションするような剣道部でしたので、まさか斎藤先生からそのようなお話があるとは夢にも思いませんでした。

小林　入学を決意した理由は？

村山　一本のビデオです。当時、国体で少年女子の部が新設されたばかりで、第一回の優勝が左沢でした。キレのある足さばきに力強い技、そしてなにより印象的だったのは、大将をつとめていた方のインタビューの受け答えでした。喜びと涙がまじったキラキラとした表情で、単純なんですけれど、その表情に感激してしまいました。

小林　そういう経験は大事ですね。斎藤先生の期待通り、高校では全国高校選抜、インターハイ、国体とすべての大会で日本一になっていますね。個人戦では結果を残せなかったようですが、筑波大時代は個人・団体で学生日本一になっています。全日本選手権ではじめて決勝に進んだのは平成九年のことでした。

村山　決勝戦は大塚真由美先生でした。

小林　筑波大を卒業した年ですね。

村山　そうです。新潟に戻っていました。いま思うと、あそこで優勝していたら、いまのわたしはないかもしれません。

小林　なるほど。

村山　あのとき、延長戦に入ってすぐ、大塚先生が攻め入ってきて、面にきたんです。受けの姿勢をとるのが精一杯で、準優勝という結果に終わりました。表彰式でのことなのですが、準優勝と優勝の扱いが雲泥の差なんです。それでもう一回、めざしてみたいと思いました。

小林　なるほど。そこから全日本女子選手権で優勝するまで八年を要しましたが、八年は長かったですか。

村山　短くはなかったです。縁あって埼玉県警にお世話になることになりましたが、なかなか結果を残せませんでした。

小林　平成九年に決勝進出を果たしてから、平成十七年に優勝するまで、ベスト八進出が最高の成績でした。これはつらいですね。

村山　転機になったのは二十九歳のときです。地元さいたま国体の選手に起用していただき、県内の女子選手とも密に交流させていただけるようになりました。勤務以外は出稽古しようにも、つてがまったくなかったわたしにはとてもありがたいことでした。

小林　精神的にもリフレッシュできますしね。

村山　みなさん気軽に接してくれるのがうれしかったです。調子が悪いときにも「今日の村山の構えは沈んでいた」「面が冴えていない」などと、ズバッと本音で指摘してくれました。

小林　さいたま国体の翌年、全日本女子選手権で優勝しています。

村山　そうなんです。

小林　女性に年齢のことをいうのは失礼ですが、三十歳代での優勝ははじめて。話題になりました。

村山　今回は三十歳代同士の決勝でした。これもはじめてのことらしいですね。

小林　そうです。これは女子剣道のレベルが上がっているという証だと思います。村山さんが優勝する前は、大学を卒業したての選手が優勝することが多かった。さらにさかのぼれば大学生、もしくは高校生が頂点に立っていました。そういう時代を経て、いまの女子剣道があると思います。

得意技は直線の面　下を攻めて出ばなを打つ

小林　得意技の面について教えてください。昔から決まり技は面が多かった？

村山　そうですね。小さい頃から背が高かったので、自然と面が得意になったと思います。

小林　まず構えで注意していることはありますか？　たとえば剣先の高さ、足幅とか。

村山　背が高いので剣先が高くなりがちだったので、相手の喉元に剣先がくるようにしています。足幅に関しては、優勝する少し前くらいから狭くしました。足幅を狭くしたのは、体を自在にさばくためでしたが、最初はなかなかうまくいきませんでした。

小林　剣道を変えるのはたいへんなことですよね。でも、技術向上のためには剣道を変えなければならないときが必ずあります。

村山　足幅を狭くしたことで相手が間合を詰めてきたときでも、手元を上げずにさばけるようにはなりました。打突にも伸びが出てきたように思います。なんとなく成長を実感できたとき、初優勝することができました。

小林　なるほど。相手と対峙したときはどんなことを考えていますか。

村山　下を攻めて、相手が動こうとしたところを打つようにはしていますが、これは相手の方の問題なので正直よくわかりません。ただ、動いてほしいと念じながら構えています。

小林　技は身体で打つものですからね。でも、村山さんの剣道を拝見していると、相手は相当プレッシャーを感じると思いますよ。崩れが少なく、ジリジリと間合を詰めてくるでしょ。しかも相手が届かないところからでもドーンとくるから恐いと思います。

村山 ありがとうございます。上から乗るように相手の竹刀を押さえるようにはしています。そこからコンパクトに打つようにはしていますが……。

小林 そこにためが生まれるのかもしれないですね。面を打つ機会は、相手の居つき、もしくは出ばなですが、どちらのほうが多いですか。

村山 確率はわかりませんが、どちらも打ちます。以前は、攻め抜いて相手の居つきを打つことが多かったと思います。ただ、これだと防御を固められたとき打つことができません。

小林 だから相手を引き出すことを心がけた。

村山 引き出せているかはわかりませんが、相手が間合を詰めてきたところも狙うようになりました。

小林 村山さんの場合、懐が深いので対戦相手は間合に入り込もうとするはずです。そこを打つわけですね。

村山 なかなかうまくいきませんが、そういったところも打突の機会として勉強するようになりました。

小林 相手も研究してきますからね。とくに優勝者となると、注目のされ方が違います。三連覇、さらに昨年の準優勝、今年の優勝と五年連続決勝戦進出です。これはたいへんなことだと思います。この五年間で苦労したことはありますか？　技術的な面、精神的な面、なんでもかまいません。

村山　苦労というとおおげさになりますが、優勝してから次の年までは苦しかったです。

小林　精神的にですか？

村山　そうです。全日本選手権者として見られるプレッシャーは本当につらかったです。

小林　自分としてはなにも変わっていないつもりでも周囲の見る目が変わりますからね。

村山　なんで優勝してしまったのだろうと思うまで追い込まれました。といっても追い込んだのは自分自身なんですけれど……。

小林　試合も勝てなかった。

村山　警察の練習試合、関東七県大会、関東管区警察大会、強化訓練講習会、国体の関東ブロック大会など試合をする機会はたくさんありましたが、ほとんど勝てませんでした。

小林　重症ですね。でも結果として二連覇を果たしました。

村山　皇后盃を返還したとき、肩の荷がおりました。大会前日のことですけれど、こんな気持ちになったのは初めてのことでした。

小林　やはり日本一というプレッシャーはなった者にしかわからないものですね。でも、返還したとたん気分がらくになったというところが村山さんらしいと思います。その後は周知の通りの快進撃ですからね。

村山　とんでもないです。

竹刀選びは細心の注意　剣先に重心がある竹刀を好む

小林　村山さんほどの名選手になると竹刀選びにもこだわりを持つと思うのですが、好みはどんな竹刀ですか。

村山　剣先に重心があるほうが好きです。ここ数年は、このような竹刀を選んでいます。

小林　柄の太さはどうですか。

村山　細めのほうが好きです。

小林　長さは？

村山　三十三センチから三十五センチくらいがしっくりときます。

小林　それ以上でも以下でも違和感がありますか。

村山　あります。なんか手になじまないというか……。

小林　そういうものですよね。大会に向けての調整法についてはいかがですか。体力を維持するためにランニングを課したということを聞いています。

村山　連覇をしたあと、「身体がきつい」と思うようになったんです。三年くらい前のことです。試合をしていて息が上がりました。息が上がるから当然、足も動かなくなります。こんなことを過去、経験したことはありませんでした。

小林　それでランニングを課した。

村山　そうです。午前中稽古をしたら、午後はランニングをするようにしました。機動隊の外のコースが一周三・八キロです。毎日一周以上、走るようにしていました。ゆっくりとしたペースで四十分から一時間くらい走りました。これはいまでも続けています。

小林　健全な精神に健全な肉体が宿るではないですが、最後は体力勝負ですからね。とくに経験値で劣る若手選手は体力で勝負をするしかありません。

村山　警察大会でも三十分を超える試合はあります。試合が長引いても足が止まらないだけの体力はつけておかないといけないと考えています。

小林　それは大事なこと。小さな努力の積み重ねが、このような大きな結果をつくっているのでしょう。簡単に説明していますけれど、継続することは容易なことではありません。

村山　ありがとうございます。

小林　個人戦はある意味、時間無制限ですからね。我慢比べです。

村山　以前は試合が長くなると「いいや、いっちゃえ」という気分になり、攻めもなく面に跳んでいったりするところもありました。我慢ができないということは、体力とも少なからず関係があるように感じています。

小林　それはあるでしょうね。強い選手に隙がないのはある意味、体力が充分にあるから崩れない。

村山　なるほど。勉強になります。

小林　来年は十七回目の出場が決まっていますね。出場十七回は筑波大学の先輩であり、埼玉の先輩でもある栗田幸枝さんの最多記録に並びます。

村山　そうなんです。栗田先生からは「記録を塗りかえて」と励まされているのですが、こればかりはやってみないとわからないことなので……。

小林　これからの目標はありますか？　周囲はふたたび連覇を期待していると思いますが。

村山　優勝できればうれしいですけれど、あまり意識はしないようにしています。自分が変わってしまうことがいちばん怖いことです。初優勝したとき、それを嫌というほど味わいましたので、あくまでも自然体で稽古も試合もできたらと考えています。

小林　村山さんはとにかく明るいですからね。来年以降の活躍が楽しみです。ぜひ二十回出場をめざしてがんばってほしいです。

村山　あと三回は……（笑）。一年、一年が勝負ですので、目の前の目標に向かってがんばります。同期の福田（美佐子）も長崎でがんばっていますので……。

（平成二十一年十月二十三日）

遠山の目付、気剣体一致
ビジネスに直結する剣道極意

◆対談のお相手——

長榮周作

ながえ・しゅうさく／昭和二十五年愛媛県生まれ。松山北高校から愛媛大に進む。高校時代はインターハイ出場、大学時代は中四国剣道選手権で二連覇を達成。昭和四十七年松下電工（現パナソニック）に入社。照明事業部で商品企画開発に従事後、インドネシア松下電工ゴーベル㈱取締役社長、ＳＵＮＸ㈱取締役社長を経て、松下電工㈱常務取締役、代表取締役社長を歴任。現在、パナソニック株式会社会長。剣道教士七段。

少ない稽古を有効活用　道場から職場に戻ることも

小林　パナソニック電工（現パナソニック）といえば、「企業は社会の公器」であるとの考えのもと、「社会生活の改善と向上を図り、世界文化の進展に寄与」することを経営理念に掲げ、日々の事業活動を行なっているとうかがっています。その世界的な企業の経営幹部である長榮さんは剣道七段。剣道人としてうれしい限りなのですが、いまのお立場では稽古をすることもままならないでしょう。

長榮　まったくそのとおりです。大阪には職場に道場がありましたので少ないながらも継続して稽古ができました。昨年から東京に来ているのですが、営業職のため、お客様とお会いすることも多く、いまは「週一回稽古をする」ことが目標です。なんとも低い目標なのですが……。

小林　激務ですから当然です。東京本社には道場はないと聞いています。出稽古ですか。

長榮　はい。警視庁愛宕警察署が火曜日と金曜日、となりの日本通運さんが水曜日と金曜日、東京ではここに合わせて稽古時間を確保するようにしています。愛宕警察署は夕方、日通は朝稽古です。なるべくスケジュールを入れないようにと言っているのですが……（笑）。

小林　なかなかむずかしいでしょう。行けるはずの稽古がキャンセルになるということはよくあるのでは？

長榮　はい。実は今朝もそうでした。仕事が最優先ですから仕方ありません。

小林　それがストレスになることも多いようですが、長榮さんはいかがですか。

長榮　わたしは「仕方ない」と割り切ります。剣道はあくまでも趣味ですから。

小林　なるほど。では晴れて稽古ができたときはどんなことを心がけていますか。

長榮　こちらでは出稽古ですので、そこのルールにしたがって行なうようにしています。ただ時間が限られていますので精一杯、全力でやることは意識しています。日通さんにはまだ一度しかお邪魔できていないのですが、打ち込みと切り返しだけです。

小林　それはすごいですね。体力的にもきついでしょう。

長榮　もちろん自分のペースに合わせてやるようにはしますが、基本稽古ができる貴重な機会です。

小林　大阪に戻ることもあると思いますが、立場上、元立ちを務めることも多いのではないでしょうか。

長榮　はい。剣道部にはわたしより先輩がほとんどいないので、ありきたりですが、先に懸かる気持ちを大切にしています。絶対に受けにまわらないように先を懸け、機会があれば打って出ることを努めていますが、若手も強いので……。

小林　もちろん打たれることもありますね。ただ、それを意識するのとしないのとでは必ず質に差が出ます。

長榮　そう思っているのですが、なかなか実力に直結しないのが実情です。

小林　いまはたいへんお忙しい立場ですが、本社（大阪府門真市）で勤務されていた頃は、仕事を切り上げて稽古に行き、また職場に戻るような生活もしていましたか。

長榮 はい。おかげさまで道場が社内にありましたので、それが可能でした。当時は残業が多い時代でしたので、仕事を抜けて剣道に行き、また仕事をするというパターンが多かったです。

小林 最近は事情が違ってきているのですか。

長榮 ワークライフバランス（仕事と生活の調和）が重視されてきていますので、当社では定時退社日の推進、年休取得の促進などに取り組んでいることもあり、部員には朝から効率よく働いて終業後、稽古に行き、帰宅することをすすめています。

小林 なるほど。時間も有限です。家族との時間も大事ですね。

長榮 そうです。それに稽古時間はいくら多くても一時間半程度です。効率よく仕事をすればなんとでもなるはずです。

小林 稽古を続ける上でさまざまな障壁がありますね。だからわたしは実業団で剣道を続けるには強い意志がないと無理だと思っています。表現はよくないかもしれませんが、仕事が最優先ですし、仕事に支障をきたすような剣道であれば、意味がありません。仕事をきっちりとこなした上で、晴れて剣道ができることになると思うのですが……。

長榮 まったくその通りです。おかげさまで剣道部員は社内でも評価が高く、そのことがなによりもうれしいです。

小林 わたしも警察で指導職でしたので、その気持ちはよくわかります。

仕事も剣道も本番で力が発揮できること

小林　現在、全日本実業団剣道連盟は二百社を超える企業が所属しています。剣道に理解の深い会社もあれば、残念ながらそうでない会社もあります。御社はいかがですか。

長榮　当社の場合、アメリカンフットボールがCIスポーツ（コーポレートアイデンティティースポーツ）になっています。企業文化活動という位置づけで、アメリカンフットボール部（パナソニック電工インパルス）を持ち、全面的なバックアップのもと強化につとめ、これまで三回、日本一になっています。剣道部の場合、アメリカンフットボール部まではいかないものの、準CIスポーツという位置づけで活動させていただいています。

小林　それはありがたいことですね。

長榮　当社は平成二十年、社名が松下電工からパナソニック電工になりました。剣道部の稽古着・袴には旧社名のロゴが入っていたのですが、新社名になったとき、稽古着・袴、試合用の胴、ジャージなどすべて新しいものを準備してくれました。本社には試合場が二面とれる道場もあります。恵まれていますね。

小林　剣道部員が会社に与える影響が大きいのでしょうね。それで会社も支援しているのだと思います。

長榮　ありがたいことです。いまは剣道から離れていますが、剣道部に所属していたOBも百五十人近くいます。運営資金に困ったときなどは彼らに支援をお願いすることもあるんです。

小林　九月の全日本実業団大会では残念ながら二位でした。惜しくもJR東日本リテールネットに敗れました。

長榮　決勝進出は十二年ぶりでした。今年は若手とベテランの調和がとれたチームで、大将をつとめた勝見君は世界大会の強化選手にも実業団から唯一選ばれています。いいチームだっただけに残念です。ただ、決勝戦に勝ち進んだことを当時の畑中浩一社長（故人）が「畑中浩一（社長）のひとりごと」という社員向けのイントラネットで取り上げてくれました。社内で注目されることで、部員の士気が上がります。

小林　組織はトップの考え方で大きく変わるものですよね。その意味で社長さんが剣道に注目してくれていることはすばらしいことです。十二年ぶりの優勝まであと一歩でしたが、十二年前（平成九年）の初優勝では、長榮さんは監督をつとめられていましたね。当時のこと覚えていますか。

長榮　もちろんです。いま思えば優勝できる実力はなかったはずですが、緒戦から代表者戦になる接戦ばかりでした。

小林　わたしも経験がありますが、優勝するときは接戦ですね。五対〇などで勝ち上がっているときはたいがい最後まで勝てない。

長榮　先鋒が負けると次鋒が取る。綱渡りの試合展開でした。それがうまくいったのだと思います。

小林　試合は強いだけでは勝てませんね。武運というか見えない力が後押ししないと優勝はできないような気がします。

長榮　そうですね。優勝といえば当社の初優勝もそうですが、平成十九年に全日本実業団女子剣道大会でSUNXが優勝したときもとてもうれしかったです。SUNXは当社の子会社でして、当時、わたしがSUNXの社長をしておりました。三月末には当社に戻ることが決まっていましたので、とても印象に残っています。

小林　なるほど。本番で勝負強さを発揮できたのでしょう。やはり何事も本番で強くなければいけないと思うのですが、そのあたりはいかがですか。

長榮　パナソニック電工では部内戦で選手を選考していた時代もありました。公平な選び方といえるのですが、試合は対外の人とするものです。部内戦では強いけれど、対外試合では弱い。一方、部内戦は弱いけれど対外試合ではめっぽう強いという選手もいます。そんなこともありましたので、いまは指導陣が対外試合の実績をもとに選ぶようにしています。

小林　稽古でいくら強くてもだめですね。仕事も剣道も本番で勝つために稽古をしているわけですから。

長榮　そうですね。

小林　結局、最後は自分との戦いだと思うんです。相手と戦って勝つにはまず自分に勝たないといけない。「負けるかもしれない。打たれたら嫌だな」などと思うのは全部自分に負けている証拠です。

長榮　引き分ければ勝てるという場面、逃げて引き分けようとすると、たいていうまくいきません。だから負けてもいいから自分の剣道をする。そういった剣道を心がけようと部員には言っています。それが仕事にもつながっていくと考えています。

剣道の教えを読み替える　気剣体一致と製販技一体

小林　長榮さん、ご出身は関西ですか。

長榮　愛媛です。

小林　愛媛は昔、全国警察大会の一部で優勝したことがありました。

長榮　優勝した当時、わたしは松山北高校の生徒でした。愛媛県警がうちの高校によく稽古に来ていて鍛えられました。嫌でしたけど……（笑）。

小林　剣道をはじめたのはいつですか。

長榮　十歳のときです。親父が剣道をやっていまして近所の警察署の道場でやることになりました。

小林　当時のこと、覚えていますか。

長榮　はい。親父が厳しくてですね。体力差があるにもかかわらずビシビシやりました。「やめたい」と思ったこともあったのですが、反対に剣道を教えてくれた岡本要先生はとてもやさしい人で、ほめる指導でした。

小林　ほめる指導は、いまは常識となっていますが、めずらしいですね。わたしは剣道でほめられた記憶はほとんどないですよ。

長榮　岡本先生にはのちに愛媛大学に進んだときも、師範として指導を受けられるようにお願いしました。それくらい影響を受けた先生です。

小林　愛媛県といえば新田高校が名門ですが。

長榮　いつも県大会の決勝であたって負けていました（笑）。わたしの一学年上の新田高校の主力が浅野修先生（元警視庁剣道主席師範）です。

小林　すると学生で唯一全日本選手権を獲った川添哲夫先生が同級生ですね。隣県の高知高校から国士舘大に進んだはずです。

長榮　そうです。彼とは縁があって六段審査で二回あたっています。一回目、彼は上段で受審していました。当時、上段に構えただけで不合格という雰囲気がありましたが、あえて上段できたのをよく覚えています。その後、二回目に立ち合ったとき、二人とも合格させていただきました。このときは中段で受けていましたが、ものすごい圧力でした。

小林　名選手でしたからね。

長榮　のちに事故で亡くなってしまうのですが、そのとき彼は七段になっていました。それで自分も「七段をとらなあかん」と思い、審査を受けにいったんです。

小林　そうですか。ところで、長榮さんのようなお立場になるといろいろな場所で話したり、寄稿したりする機会も多いと思います。そのとき、剣道の教えを引用することはありますか。

長榮　たくさんあります（笑）。

小林　どんな教えを使うことがありますか？

長榮　まずは気剣体一致ですね。これは事業運営に欠かせない「製販技（製造・販売・技術）一体」と読み替えることができます。職場には製造に携わる者、販売に携わる者、そして技術に携わる者がいます。技術というのは研究職などです。これらが一体となってものごとを進めないとうまくいかないのです。剣道の一本は、気剣体が一致してはじめて一本になりますが、そんなことをからめて説明するとよく理解してくれます。

小林　目付などはいかがですか。

長榮　使います。「遠山の目付」ですね。わたしたちの職場では方針管理という手法を用いて日々の経営をしています。将来の達成すべき目標を決め、それを実現するための方策を立案し、事業部―部―課へと方針展開していきます。

小林　なるほど。

長榮　これを進める上で、大きくは三つの前提条件があります。前期までの反省、世の中のトレンド、他社動向の三つです。これらを考慮して半期ごとの方策を定め、愚直に実行していきます。ここでの重要なポイントは、常に攻めの姿勢でトレンドの傾向を見逃さないことになるのですが、剣道極意でいえば遠山の目付です。

小林　剣道極意がまさにビジネスに直結しています。

長榮　部下には、ものごとの一部分を見るのではなく、大局を見るように指導することがよくあります。これも遠山の目付です。ただし、これは自分もできているかというとむずかしいものがあります。

小林　激動の時代に対応していくには大局を感じ取る力が必要なわけですね。

長榮　そう思っています。とくに責任者の場合、攻めていく事が役割だと考えています。現状でいいと思ったとき、もう進歩することはできません。仕事を変える事が責任者の役割ととらえています。

小林　なるほどですね。

長榮　仕事を変えるには問題点を見つけなければなりません。問題点を見つけるには仕事をよく理解していないといけないからですね。そういったことを意識するように説いていますが、自分もふくめてできているかは反省するところばかりです。

二十二世紀に向けての剣道発展案　まずはメディア露出を上げること

小林　長榮さんは長くビジネスの第一線で活躍されています。当然、財界の方との交流もあると思いますが、一流のビジネスマンの立場から剣道発展に向け、なにが必要かを聞いていきたいと思います。堅苦しいものではなく、感じるところ、思ったところを教えていただくだけでけっこうです。

長榮　八月の世界剣道選手権で日本はふたたび完全優勝をすることができました。この世界大会に関し、寺本（将司）選手と高鍋（進）選手を取り上げたドキュメンタリー番組がそれぞれつくられました。剣道をやらない人でもけっこう見ているんですね。社内の人間もわたしが剣道をやっていることを知っていますので放映後、しばらくは「見ました」というのが挨拶代わりになるくらいでした。

小林　グラスゴーの世界大会のときの栄花（直輝）君の番組ものすごい評判になりました。八段審査をクローズアップした石田健一先生の番組も同様です。

長榮　日本人ですから「剣道はええもんや」ということは知っていると思うのです。ただ漠然と「ええもん」とわかっていても、なにが「ええもん」なのかは理解していないところがあります。

小林　それはありますね。とくに有効打突は「いまのが一本だったの？」というものと、あたっているのに「なぜ一本にならないの？」という一般人の感想は必ずあります。

長榮　数年前、日通さんと対抗戦をやったことがあるんです。両社の社長も観戦してくれ、当社社長の解説をわたしが担当したのですが、「よくわかるなあ」と感心していました。しかし、有効打突の基準などについてはひととおり説明し、ある程度、理解はしたようですが、それでも「わからん」と笑っていました。

小林　無理してわかりやすくする必要はないかもしれませんが、剣道に興味を持っている人たちに説明する義務はあると思います。剣道大会のメインイベントは全日本剣道選手権ですが、この大会は一般の人もたくさん足を運ぶ稀有な大会です。美術館や歌舞伎などでは、その解説を聞ける音声サービスがされていますが、そのようなサービスが全日本選手権であってもいいと思っています。

長榮　ルールがわからないと見ていてもいまひとつピンとこないですからね。わたしもアメリカンフットボールの応援に行くのですが、正直、わからないところがたくさんあります。

小林　わたしもアメフトの試合、東京ドームで観たことがあります。ルールもそうですが、テレビだとボールをカメラがボールを追ってくれるからまだいいけれど、現地ではちょっと気を抜くと見失ってしまいます。

長榮　トリックプレーなどはまったくわからなくなります。

小林　そうそう。でも、剣道にも同じことがいえると思います。

長榮　それと、剣道経験者は予想以上に多くありませんか？　わたしの年齢になると続けている人はそう多くはありませんが、過去やっていたという人間は少なくありません。

小林　なぜやめていったか原因を分析する必要はありますね。われわれは剣道の内側にいるので盲目的にいいものと信じ込んでいる部分もあります。でもやめた人には必ず剣道の負の部分があるはずです。

長榮　そうですね。そのような分析はあまりないですね。

小林　まったくないです。そういった取り組みも剣道界で必要です。今日はありがとうございました。

（平成二十一年十二月四日）

絶対にあきらめない七十歳、三十三回目の挑戦で八段合格

◆対談のお相手――

岩尾征夫

いわお・ゆくお／昭和十四年大分県生まれ。日出高校から拓殖大に進み、卒業後、神奈川県警察に奉職。昭和五十四年、青少年健全育成を目的に征道館岩尾道場を開館。地域の青少年に剣道指導をはじめる。現在、海老名市剣道連盟会長。剣道教士八段。

受審番号207B　自分をほめた悲願の合格

小林　八段合格おめでとうございます。岩尾先生とはご縁がありましてお付き合いさせていただいています。今回の合格は同じ神奈川県剣道連盟としてもうれしい限りです。

岩尾　ありがとうございます。

小林　七十歳での合格は現在挑戦している先生方に夢と希望を与えましたよ。運命の十一月二十四日、どんな気持ちで会場に向かいましたか？

岩尾　うちは海老名市ですから、午前十時頃、自宅から日本武道館に向かいました。十一時半から受付でしたので、時間的にもあわてることなく、落ち着いて武道館に行くことができました。

小林　審査は特別なものですが、忘れ物や交通機関の遅延など予期せぬアクシデントが起きやすいものです。そうした心配事は審査に必ず影響します。余裕をもって出かけられたわけですね。

岩尾　そうですね。海老名から新宿まで小田急線、新宿から九段下までは地下鉄です。大きなトラブルもなく武道館に着きました。

小林　一次審査は午後からでしたね。審査までなにを考えていましたか。

岩尾　七十歳代での合格率はほとんどゼロにひとしい。今回も相当な勢いをもって臨まないと審査員の先生方には響かないと思っていました。十歳も二十歳も若い気持ちで立合をしようと思っていました。それが勢いとなり、勢いが立合に好影響をもたらします。

小林　なるほど。高齢者は若い稽古、低年齢者は落ち着いた稽古をする。それが稽古上達のコツになるかもしれませんね。具体的にはなにを心がけましたか。

岩尾　まずは発声ですね。会場に響きわたるような気勢を心がけました。人目をひく声を出さないと審査員の先生方には届きません。

小林　それ大事ですね。わたしも経験があります。相互の礼から蹲踞し、立ち上がる。そこから気競り合い、剣先の攻防と続きますが、昇段審査では、ここで審査員に響く気合が出ていることです。

岩尾　そうです。

小林　わたしは七段審査を受けているとき、貫禄をつける必要があり、掛け声も小さく「オッ」などと発声し、かたちばかりを気にしていました。そうしたなか、八段審査を見学したところ、雲の上の先生方が必死の形相で気合を出しています。剣道はこれがないとだめ。ほんとうに勉強になりました。

岩尾　気合は有声から無声といわれていますが、われわれの年代でもそれはまだまだだと思います。

小林　若い受審者が大きい声が出るのは当然ですからね。年配の方がそういった声が出ればそれだけで審査員に響きます。

岩尾　そう信じてやりました。

小林　見事、一次審査を突破。二次審査まではなにを考えていましたか。

岩尾　わたしは一次審査が午後でしたので、待ち時間が少なくてすみました。一時間くらいだったと思いますが、とにかく落ち着こうと考えていました。

小林　なるほど。

岩尾　三年前、一次審査を通過したとき、あわててしまったんです。いま思うと、なんでそんなにあわててしまったのか不思議なくらい舞い上がってしまいました。その状態で二次審査になりましたので、もうガチガチになってしまい、なにをしていいのかまったくわかりませんでした。

小林　そういうこともありますね。ちょっとした心の持ち方が影響します。

岩尾　結局、欲が出すぎていたんです。受かってやろう、受かるんだという気持ちが強すぎました。だから今回は、絶対にあわてないようにしました。

小林　二次審査の手応えはいかがでしたか。お相手の一人だった新潟の渡邉幹雄先生も合格されました。管区学校時代の同級生です。

岩尾　そうですか。二次審査は平常心で我慢をする。ただそれだけを考えていました。我慢して我慢して相手が動こうとしたところを打つことをイメージしていましたが、運よく初太刀を取ることができました。

小林　わたしも拝見していました。いいところを打ちましたね。

岩尾　ありがとうございます。あとはあわてず、無駄打ちをしないようにしていました。

小林　発表が待ち遠しかったのでは？

岩尾　正直、「いったかな」という気持ちもありましたが、だめでも「次もいける」という内容でした。

小林　見事、合格でした。

岩尾　最初、第一会場のほうを見てしまったので当然、番号はありません。「またがんばろう」という気持ちになっていたところ、審査会場が違っていたことに気がつきまして……。わたしの番号があったときは自分をほめました。二十年間、やってきたわけですから、今日くらいはほめてやってもいいかなと思いました。

小林　門弟の方もさぞ喜ばれたことでしょう。合格した夜は眠れましたか？

岩尾　眠れませんでした（笑）。興奮していてまったくだめでした。

小学生は出ばな　中学生は応じ技で初太刀を取る

小林　岩尾先生は道場をお持ちですので、自分の稽古時間を確保することが難しかったと思います。日々の稽古で心がけたことはなんですか。

岩尾　ありきたりですが、だれと稽古するときでも初太刀を取ることを忘れないようにしていました。

小林　なるほど。小学生や中学生は体力がまだないので力任せに打っても意味がありません。それこそ機会にポンと打ってやることが大切になりますが、なかなか難しいものです。

岩尾　ですね。小学生には出頭面、中学生はスピードが出てくるので応じ技、そこを意識して初太刀を取るようにしていました。こればかりやっていると彼らの稽古になりませんので、そのあとは引き立て稽古です。

小林　大人の方はいかがですか。

岩尾　絶対に引かないことでしょうか。

小林　審査でも試合でも相手の陣地で行なうことが重要です。わたしは「我、上位なり」という気持ちで稽古をすることが大切だと思っています。この気持ちで稽古ができると構えも自然と正しくなり、攻めに厚みも出ます。

岩尾　構えが充実していれば、相手が入ってきてもさばくこともできるし、隙あらば打つこともできます。だれと稽古するときもそこを意識はしていたのですが、なかなか難しいです。

小林　難しいですよね。審査や試合は、基本ではなく応用です。普段の稽古で身につけた基本を自分で応用し、そのすべてを見てもらうのが審査や試合です。その準備を普段の稽古でいかにするかです。

岩尾　まったくその通りだと思います。

小林　手の内などは普段の稽古で意識しましたか。

岩尾　しました。いまでもしています。技は冴えがないといけません。それをつくるのが手の内です。スナップを利かせてズバッと打てるように稽古しています。その模範として、小林先生の面も勉強しています。先生は絶対に引きません。詰めて詰めてポンと乗ってこられます。

小林　いやいや……。

岩尾　わたしの場合、道場をやっているので直接八段の先生に稽古をお願いする機会はきわめて少なかったんです。だから講習会や合同稽古のときは八段の先生方のすべてを吸収するような気持ちで参加していました。着装、礼法、蹲踞、構えなど、すべて盗むつもりで取り組んでいました。

小林　最近は「盗む」という表現をあまり使わなくなりましたね。でも、本来、芸事はそういうものです。わたしも先生方から直接、指導してもらったことはほとんどありません。全部見よう見真似でやっていくしかありませんでした。

岩尾　そう思います。

小林　間合に関してはいかがですか。

岩尾　わたしはご承知のように身長が百六十センチと小柄です。だから遠いところから打つことはできません。人より間合を詰めないと打ち間になりません。だから打ち間に入った瞬間に打つようにしていました。「間合が近い」と注意を受けることもありましたが、そこがわたしの打ち間なんです。

小林　届く距離に入って打つことが基本ですからね。審査では届かない距離から無理に打とうとして失敗するケースが多いですね。

岩尾　届かせようとするとどうしても無理な体勢になります。無理な体勢から打てば姿勢は崩れるし、たとえ打突部位をとらえたとしても評価される一本にはなりません。

小林　そうですね。ここは永遠の課題になるでしょう。ところで、岩尾先生は道具にはこだわりはありますか。

岩尾　あります。身体が小さいので、自分に合ったものをえらぶようにしています。面、小手、胴、垂は自分のサイズに合わせたものをつくりました。稽古着・袴もそうです。

小林　着装は大事ですよ。着装がいい人は構えもよく見えるし、目立ちます。
岩尾　これも八段の先生方の真似をさせていただきました。
小林　竹刀に関してはいかがですか。
岩尾　わたしは三八を使っています。昔は三九を使っていたのですが、身体に合わない。柄の長さも常に一定になるようにしています。柄の長さが伸びると構えが変わってしまいます。
小林　なるほど。その他、心がけたことはありますか。
岩尾　謙虚に人のアドバイスを聞くことですね。全部できていたかはわかりませんが、とくに八段の先生方からのアドバイスは自分の血肉として、聞くようにしていました。
小林　剣道は、自分がいちばんいいと思ってやっているところがありますからね。でも、まったくそうではない。悪いところはたくさんあるわけで、素直になることが大切ですね。

剣道の基礎は足　九十分のウォーキングを励行

小林　岩尾先生は拓殖大学を卒業後、神奈川県警に奉職されていますが、わたしが所属していた術科の指導者ではなく、刑事警察で長く活躍されていました。いわゆる刑事さんです。勤務も不規則ですから、現役時代は、稽古を継続することもままならなかったと思います。
岩尾　けっこう強かった人でも剣道から離れてしまう人もいました。ただ、わたしは剣道が好きでしたので、指導職の人たちに負けないという気持ちで続けてきました。

小林　なるほど。先生は昇段が早かったですよね。

岩尾　当時、大学生で五段が取れました。神奈川県警に奉職したときが五段、六段は二十四歳でした。桜木町の交番から防具をもって審査を受けに行きました。

小林　あのときは職場が一緒でしたからよく覚えています。

岩尾　七段は三十八歳でした。指導職になった後輩がどんどん七段になるんですよ。それが悔しかったけれど、こちらは刑事。なかなか稽古時間が取れませんでした。

小林　そうでしょう。それでも剣道に対する情熱を常に持ち続け、今回、悲願達成になったと思います。十年前に警察を退職され、いまは道場主として活躍する毎日ですが、日常生活で心がけたことはありますか。

岩尾　足腰の強化ですね。わたしは歩くことが専門でした。犯人を逮捕するために一日七時間くらい歩いたこともあります。何事も足で稼ぐことが大切であり、それは剣道でも周知の通りです。いまでも稽古がない日は九十分みっちり歩いています。

小林　九十分ですか。それはすごい。痛いところとかないですか。

岩尾　おかげさまでまったくないんです。両親に感謝です。歩くときは立合をイメージして踏み込んだりもしていました。あまりやるとへんな目で見られますので自粛はしていましたが……。

小林　常に剣道をイメージしているわけですね。

岩尾　そうです。わたし、試合が大好きなんです。高齢者大会にも毎年参加していますし、学連のOB大会も参加しています。試合はトーナメント戦なので体力がないと勝てません。そういった意味もあるので歩くことで体力維持に努めています。

小林 審査を受けるとき、試合に出ることをやめる人もいますね。先生はそうではなかった。

岩尾 はい。試合は楽しいですよ。あの緊張感がたまりません。試合でなければ得られない緊張感があると思います。それは段審査にも通じるものだと思うので、出られる大会には極力出るようにしていました。八段に通ってしまったので、高齢者大会に出られないのが残念なくらいです。

小林 確かにそれはありますね。「稽古は試合のように、試合は稽古のように」といわれますが、試合そのものを経験していない人は、稽古で試合のような緊張感をイメージできません。

岩尾 その通りです。それに打突の機会は一緒です。機会を覚えるためにも試合を経験したほうがいい。

小林 崩れるのを嫌う人もいますね。

岩尾 それはありますね。試合は打たれたらおしまいです。だから試合経験が豊富な人は反射的に崩してでもよけてしまう。その難しさはあると思います。

小林 なるほど。自宅に道場がありますので、一人稽古なども行ないましたか。

岩尾 鏡に向かって構えのチェックはよくやりました。貧相な構えだと強く見えないですよね。構えには気構え、身構えがあります。しっかりと気の入った構えを執れるように注意しました。

小林 風格・品位は昇段審査で大きなポイントになりますからね。その風格・品位が表れるのが立ち姿です。そこに注目している審査員も多いと思います。

岩尾 どうしたら八段の先生方のような構えになるのか毎日研究しましたね。

小林　構えは、その人の剣道観が表れるもので、手の内、足構え、さばき方、姿勢の保ち方などが無理無駄のない動きができるよう自然に備わったものでないといけませんね。
岩尾　一朝一夕でできるものではないです。いまも反省・工夫の毎日です。
小林　岩尾先生の場合、とにかく頑健ですから。そこがエネルギーの源になっていると思います。そのエネルギーが若々しさをつくり、剣道を充実させているのでしょう。

征道館岩尾道場を開館　教え子とともに学ぶ

小林　岩尾先生は昭和五十四年、青少年健全育成を目的に、剣道場を開いています。今年で三十年を迎えました。わたしも開館式にお邪魔しているのですが、もう三十年も経ったのですね。昨年十二月に立派な記念大会を開催されました。
岩尾　はい。月日が経つのは本当に早いです。当時、よき上司に恵まれて自宅の一階を道場、二階を住居にしました。このあたりは民家がほとんどなかったのですが、いまは住宅地になりました。それでも近隣の皆様の理解もあり、道場を続けることができています。
小林　そもそも道場をつくりたいと思った理由はなんでしょう。
岩尾　わたしは大分県出身なのですが、日出《ひじ》高校時代、高校の稽古だけでは満足できず、三年間、別府市にある別府道場というところにも通いました。小野紀生という先生が師範をされていたのですが、とてもいい先生で、道場が大好きになりました。別府までは汽車で一時間かかるので、家に戻ると十二時を過ぎていました。寝るのは一時、これを三年間続けました。

小林　なるほど。道場教育に感動したわけですね。

岩尾　そうです。大人がたくさん通っていた道場でしたので、ずいぶんと鍛えられました。あの三世代の一貫指導がたまらなく好きでした。拓殖大学に剣道特待生として入学できたのも、別府道場のおかげです。そうした雰囲気の道場をつくりたかったんです。古稀になっても子どもから教えられることはたくさんありますね。

小林　いまはどのくらいの門弟がいらっしゃいますか？

岩尾　子どもから大人まであわせると七十人くらいです。うちはママさん剣士もけっこういるので盛り上がっています。

小林　それはすごい。少子化の影響は受けていないですね。

岩尾　いやいや全盛期に比べれば半分くらいですよ。子どもが減っている上、選択肢が増えています。剣道をしてもらうのにあれこれ工夫をしているところですが……。

小林　勧誘活動はどうされていますか。チラシを配ったりするとか？

岩尾　昔は新聞の折込チラシなども利用しましたが、あまり効果がありません。お母さんたちの口コミがいちばんいいようです。だから会員を増やすことも大事なのですが、お母さんに剣道を理解してもらうために、やめさせないことにも注意しています。

小林　増やすことはもちろん大切ですが、やめさせないことも大切ですね。やめていく人たちは剣道、とくに剣道人に対していい印象を持っていません。

岩尾　そうですね。うちでは二階が住居ですので、なるべくアットホームな雰囲気をつくるようにしています。

小林　剣道人口を増やす妙案はありますか。

岩尾　もう少しメディアの露出度を上げることでしょうか。わたしたちが子どもの頃は『赤胴鈴之助』があったし、少し前は『六三四の剣』がありました。テレビの影響は大きいですから、そこをなんとかできるといいのですが……。

小林　昨年は世界大会の関連で剣道の選手が比較的多く取り上げられました。この流れが恒常化するといいですね。

岩尾　ですね。あと単純ですが、人口を増やすとすれば、剣道をやっている人が、一人ずつ仲間を増やすことですよ。もし、いまやっている人たちが一人仲間を増やしたら倍増です。

小林　なるほど。最後に八段審査の話に戻します。合格できた最大の理由はなんでしょうか。

岩尾　あきらめなかったことだと思います。合格まで二十年、三十三回かかりましたが、一度もやめようと思ったことはありません。これは刑事として仕事をする期間が長かったことが影響していると思います。われわれは雨の日も風の日も犯人を待っているわけです。それが剣道と結びついたのではないかと思っています。

小林　先生の粘り勝ちですね。ありがとうございました。

（平成二十一年十二月十九日）

小林英雄 × 岩尾征夫

中学校武道の必修化 剣道界はどう対応すべきか

◆対談のお相手――

佐藤義則

さとう・よしのり／昭和二十三年福島県伊達市保原町生まれ、六十一歳。保原高校から国士舘大学に進み、卒業後、埼玉県中学校教員となる。全国教職員大会出場など。日本中体連剣道競技部長などを歴任。全日本剣道連盟普及委員会学校教育部会委員、全日本学校剣道連盟常務理事を務め、平成二十四年度実施の中学校における武道必修化に向けて尽力した。日本中学校体育連盟剣道競技部顧問、剣道教士八段。

二対七対一　七割の中学校が柔道授業

小林　学校指導要領の改訂により、平成二十四年度より中学校の保健体育の授業で武道が必修となります。体育の授業で武道が必ず行なわれるようになるということだと思うのですが、いまひとつ言葉が独り歩きしている感じがいたします。実際、剣道界では、剣道の授業が必ず行なわれるようになると思っている人もいます。まずはいまの状況から教えていただければと思います。

佐藤　現在、中学校では武道は選択科目になっています。一学年はダンスか武道どちらかを選択、二学年、三学年は球技・ダンス・武道のなかから二つを選択します。選択といっても生徒が自由にえらぶのではなく、学校が選択します。

小林　一学年でいえば、ダンスか武道をえらぶわけですね。

佐藤　そうです。二学年は、球技・ダンス・武道のうちから二つです。

小林　一学年でダンス、二学年、三学年でダンス、球技を選択すると武道をまったく経験することなく卒業してしまうことになりますね。

佐藤　残念ながらそうなります。

小林　そのような現状を踏まえ、平成二十年三月、文部科学省から新・中学校学習指導要領が公示されました。体育の授業時間は増え、武道は必修化されました。必修化になることで、全国約一万一千ある中学校の全生徒（男女）が、武道の手ほどきを受けるということになりました。

佐藤　すでに平成二十四年度の必修化に向けてモデル事業がはじまっています。一学年、二学年で武道が必修となり、三学年は球技と武道からどちらかを選択することになります。

小林　なるほど。最低でも二年間は武道を経験することになるわけですね。ただ、武道といっても柔道・剣道・相撲などの種目があります。現在、武道を選択している学校で、剣道が実施されている割合はどれくらいなのでしょうか。

佐藤　武道の必修化にあたり現状を把握するために統計をとりました。ざっくりとですが、柔道が七割、剣道が二割、相撲等その他の武道が一割です。

小林　たった二割ですか。

佐藤　各県の統計もあります。たとえば小林先生の神奈川県は剣道が三十パーセント、柔道が五十八パーセント。わたしが所属する埼玉県は剣道が二十パーセント、柔道が六十パーセントです。

小林　中学校の指導者と会うたびに必修化について水を向けていましたので、この数値はある程度予想していました。やはり用具の問題がいちばんの障壁なのでしょうか。

佐藤　用具の問題も大きいです。現在、武道場が設置されている中学校は全体の約四十七パーセントです。まだ半数もないのですが、剣道具が準備されている学校はさらに少なく二十三パーセントです。約八割の学校に剣道具が置いていないのです。

小林　なるほど。

佐藤　柔道は四十八パーセント、相撲は三パーセントと柔道がやはり群を抜いています。

小林　柔道は畳と柔道着を用意すればいいですからね。剣道の場合、板の間の道場、さらに竹刀と剣道具が必要になりますので、現実問題として越えていかなければならない問題は少なくないですね。

佐藤　そうですね。わたしが埼玉県の中学校教員になったとき、その学校では相撲が授業で行なわれていました。わたしはぜひとも剣道を授業で行ないたいと思い、校長先生に「剣道をやらせてください」とお願いしたところ、やはり用具の問題で却下されました。

小林　いちばん断りやすいですよね。

佐藤　でも、裏をかえせば道具がそろえば剣道ができるということになります。当時、埼玉県立武道館が埼玉県庁の近くにあり、三十組の剣道具が廃棄処分になるところでした。亡くなられた市川彦太郎先生（範士九段）が管理されておられ、先生から連絡を受けて取りにいきました。それで翌年から剣道を授業ではじめることができたのです。

小林　佐藤先生のような熱心な先生がおられると授業で剣道が行なわれる可能性は高くなりますね。実際、武道のなかから柔道か剣道をえらぶのは体育の先生ですよね。

佐藤　そうです。いまはダンスか武道ということになるのですが、伝統的に剣道、伝統的に柔道という特殊な事情がない限りは教員が選択します。

小林　剣道指導の経験がある教員はどのくらいいるのですか。

佐藤　文部科学省が平成十九年に実施した調査結果によると、剣道は五十四パーセントです。柔道は八十二パーセント、相撲が十七パーセントです。

小林　やはり柔道ですね。指導経験が豊富な先生が増えれば、剣道も増えていくことになるのでしょうか。

佐藤　それはあると思います。剣道の実施率のほうが高い県もあるんです。たとえば栃木県では剣道が七十パーセント、長野県では剣道が六十パーセントという数値を残しています。

まずは体育教師に剣道を知ってもらうこと

小林　われわれ剣道人としては、武道の授業で剣道を選択してもらうことが重要となります。

佐藤　種目の選択については、生徒にとってやってみたい種目をえらぶというものではなく、すでに学校で選択されたものを学ぶというのが現状です。実際、教員の人事異動にともなって柔道から剣道へ変更する、剣道から柔道へと変更するなど、体育科教員の得意・不得意によるところが大きいのです。

小林　だとすれば、剣道経験の少ない体育の先生方に剣道を知ってもらうことがまずは大切になりますね。

佐藤　そうです。まずは体育教師に「剣道を選択しよう」という気持ちにさせることが大事です。

小林　柔道を選択する学校のほうがまだまだ多いわけですが、その比率を少しでも変えられるといいですね。

佐藤　中体連剣道競技部が平成二十年度に実施した加盟校を対象としたアンケート調査では、武道必修化への取り組みについて、「取り組んでいる」と回答した加盟校はわずか十一・一パーセントでした。「いいえ」が六十八・八パーセント、「計画中」が十五・五パーセントという残念な結果でした。

小林　取り組んでいると回答した学校は具体的にはなにからはじめていたのでしょうか。

佐藤　やはり「剣道具や竹刀、備品などの購入・確保」がもっとも多く、次が「施設の整備と充実への取り組み」でした。少数ではありますが、「生徒用剣道着の予算化」や「女子用剣道具の購入」「小学校への出前授業」に取り組んでいるところもありました。

小林　現場では先生方の血のにじむような努力がありますね。剣道界としては、現場の先生方をバックアップすることがもっとも大切になりますね。

佐藤　そうですね。社会体育指導員の資格を持っておられる一般の先生方もたくさんいらっしゃいますが、まずは体育教師にしっかりと剣道を理解してもらうことが大事なんです。くり返しになりますが、剣道をえらぶかえらばないかは現場の先生方の裁量によるところが大きいわけです。

小林　まったくその通りですね。武道必修化に向けて、指導者の資質向上や指導内容の充実をめざし、研修会・講習会の開催、剣道資料の刊行などがされるようになりました。

佐藤　まず、宮城県剣道連盟が平成二十一年一月に全国のトップをきって、教員が指導に使う「剣道指導資料集」を作成しました。剣道経験がない教員でも、剣道具なしで基本から生徒たちに教えられるよう配慮された内容になっています。また、この資料集に基づく指導者講習会が、県内中学校体育科教員を対象に実施されています。

小林　東京都剣道連盟でも講習会を行なっていますね。

佐藤　はい。中学校剣道授業の体験報告と学校剣道指導者としての心構えについての講演や、実技と体験をまじえた剣道授業の講習会を開いています。

小林　全日本剣道連盟からも『剣道授業の展開』というテキストが発刊されています。佐藤先生は中学校における剣道授業事例集作成部会の委員長をつとめ、このテキストの作成に尽力されています。

佐藤　文部科学省「学習指導要領・同解説・保健体育編」を踏まえた内容となっています。学習内容を図式化することでなるべくわかりやすく剣道の授業をできるように配慮しました。

小林　あのテキストはわかりやすいですね。事例も多く取り上げています。剣道具使用の場合、剣道具のない場合など具体的で、剣道経験が浅い先生でも「これならできる」という感じになっています。

佐藤　ありがとうございます。

小林　学習資料も多いですね。「基礎・基本の定着を図る資料」「基本動作の定着を目指す運動」「竹刀（杖・棒）体操」などたくさん資料も入っています。

佐藤　次年度は中学校の体育教師を対象とした講習会も開催する予定で進めています。これは日本武道館と全剣連、全日本学校剣道連盟が共同で行なうプロジェクトで北海道から九州まで全国九ブロックで開催を予定しています。

小林　すばらしい企画ですね。一人でも多くの体育教師に参加してもらい、剣道のよさを知っていただきたいところです。ところで剣道部の顧問の先生のなかには体育ではなく社会や数学、英語といった他の教科の先生もいます。管理顧問ではなく、ご自身も熱心に剣道をされている方も少なくありません。そういった方も授業を持てる可能性はあるのでしょうか。

佐藤　学校長の許可は必要ですが、可能です。ただ、本来の授業プラス剣道の授業ということになるので、負担は増えると思います。

小林　なるほど。外部指導者に関してはいかがですか。

佐藤　部活動ではなく、学校の授業ですから、外部指導者が中心になって剣道を教えるということは少ないと思います。

小林　部活動は好んで剣道をやりたい子どもたちですし、余暇の一環ですからね。授業となると学級運営や指導案の作成等、プロにしかできないことがあります。

佐藤　そうですね。剣道が強い、剣道指導に長けているというだけでは難しいと思います。ただ、学校の教員をサポートする立場として外部指導者を招くということはあると思います。

小林　まずは学校の体育教師、人手が足りなければ他教科の剣道経験者、さらに人手が足りなければ外部指導者ということになるのでしょう。

佐藤　教員のＯＢに手伝ってもらうという手段も検討中です。

サムライに対する憧れ　剣道らしさを伝える工夫

小林　より多くの先生に剣道の授業を選択してもらうために、より魅力ある授業にしなくてはならないと思います。授業における対策も具体的に立てていらっしゃると思いますが、いかがですか。

佐藤　授業に関しては、大きく七つポイントがあると考えています。一つ目は指導者の柔軟な考え方です。剣道の場合、厳しい礼法指導や稽古によって徹底的に人間を鍛えるということが全面に出がちです。ある一定のレベルにいった子どもたちであればそれも受け入れられるかもしれませんが、授業はわずか十二時間程度しかありません。

小林　当然、そのレベルにいくとは考えられませんね。

佐藤　そうです。あくまでも武道も体育の授業の一環です。体育の授業において大切なことは、体力、気力の向上を図ることはもちろん、体育を通じての人間関係づくりの充実や、自分に合った運動の取り組み方を見つけることです。そこを踏まえ、個に応じた学習指導を工夫することが重要です。

小林　まったくその通りですね。二つ目はいかがですか。

佐藤　生徒に興味・関心を持たせることです。武道必修化はすべての生徒が武道授業を受けることであり、なかには体育を不得意とする生徒もいます。最初の授業のときにどのように興味を持たせるか工夫することはとても重要です。

小林　わたしは興味を持たせる上でスポーツチャンバラ的な要素は大事だと思っているんですよ。

佐藤　同感です。サムライに対する憧れがありますからね。新聞紙の試し切り、手刀での素振りはよろこんでやります。その延長線で武道的要素をいかにして伝えるかです。三つ目のポイントです。

小林　武道の必修化の最大のポイントともいえますね。

佐藤　はい。学習指導要領改訂で、武道授業で伝統と文化をどのように伝えるかが問われています。単に技術を教えるのではなく、剣道をやる楽しさや喜びを与えられる指導が求められています。

小林　施設に関してはいかがですか。わたしは環境が人をつくると考えていますので、武道場の設置率を高めるのも重要な仕事になると思います。

佐藤　それが四つ目のポイントです。平成二十五年度までに武道場設置率七十パーセントをめざす事業を行なっていました。政権交代があったので、見通しがわからなくなってしまいましたが……。それはともかくとして五つ目は用具の問題です。

小林　わたしが子どもの頃は、使い回しは当たり前でしたけれどね。

佐藤　剣道具は、生徒の身体に合ったサイズや発汗、においなどさまざまな阻害要因が発生しやすいので、最低でも男女別々のものが望ましいですね。衛生面での対策としては、除菌スプレーの用意や手袋の使用、乾燥しやすい保管場所の確保などに配慮したいものです。

小林　その通りですが、そもそも道具をそろえることもたいへんですよね。

佐藤　教育委員会の備品として貸し出す制度を考えています。剣道の授業は十二時間程度ですから、剣道の授業があるときだけ教育委員会から貸し出すのです。たとえば中学校が五校あるとすれば、授業の時期をずらしながら行ないます。そうすれば経済的な支出もおさえられます。

小林　なるほど。六つ目はいかがですか。

佐藤　障害のある生徒への指導です。特別支援学校などの助言または援助を活用しつつ、家庭や医療、福祉等の業務を行なう関係機関と連携した支援のための計画を個別にできないかと考えています。

小林　そういうことも必要になるのですね。最後の七つ目はいかがですか。

佐藤　男女共習に関しての配慮ですね。中学生ですから男女の精神的・身体的特徴を考慮しなければなりませんし、一緒に稽古する場合、思春期を迎えた生徒は異性に対する意識が芽生えています。体格差、体力差も歴然としてきますので、状況に応じた指導者の判断が必要になると思います。

小林　当然ですが、趣味として剣道をするのとはまったく違いますね。

佐藤　そうですね。ただ、剣道を経験する生徒は増えるので、この機会を逃してはいけないと考えています。

小林　いかに楽しませながら剣道らしさを伝えていくかですね。子どもたちは刀とか和服に興味があるでしょう。

佐藤　ありますね。最初の授業で甲冑をつけて説明したところ、好評でした。

小林　稽古着に関してはいかがですか。授業は体操着のところが多いようですが、やはり稽古着を着けたほうが引き締まるような気がするのですが……。

佐藤　それはあります。事実、そういう結果も出ています。ただ、予算の問題もあるので、全員に購入させることは難しいでしょう。

小林　たった十二時間ですからね。よくわかります。

マンガ・ドラマを活用　剣道人口拡大に向けて

小林　佐藤先生は長く中学校教員として活躍されてきましたが、剣道人口の拡大についてはいかがお考えですか。

佐藤　やはりマスコミの有効活用が第一になるのではないでしょうか。『六三四の剣』や『おれは男だ！』など代表的なマンガやドラマがあったときは剣道をやる人間が増えましたよね。

小林　剣道を知らない人たちが剣道に触れる機会をつくることは大切ですよね。昨年の世界大会では、寺本将司、高鍋進両選手にスポットを当てたドキュメンタリー番組がつくられましたが、あのような企画があると盛り上がります。

佐藤　盛り上がりますよ。テレビの影響力は大きいです。だから全日本選手権の中継ももう少しかみくだいてほしいと感じています。

小林　一本の基準などのことですね。副音声などを使ってそういったサービスをするのもいいかもしれないですね。

佐藤　先日、ある研修会に『武士道シックスティーン』の作者である誉田哲也先生をお招きしたんです。剣道発展の方策を聞いたのですが、「剣道を見てもらう機会を増やすこと」「有効打突をわかりやすくすること」「剣道着・袴にバリエーションを持たせること」、この三つを挙げていました。なるほどと思いましたね。

小林　とくに剣道着・袴は子どもはもっと楽しめてもいいかもしれないですね。ファッション性があってもいいのではないでしょうか。

佐藤　剣道は間違いなくいいものです。それを伝えていくには、まずは剣道を楽しいものだと思ってもらうことも大事ですが、剣道そのものを知ってもらわないといけません。

小林　まったくその通りです。武道の必修化まであと二年です。この二年が剣道をアピールするまたとないチャンスです。ありがとうございました。

（平成二十二年一月二十八日）

剣道人が不快にならない作品をめざした小説
武士道シックスティーン

◆対談のお相手——

誉田哲也

ほんだ・てつや／一九六九年東京都生まれ。学習院大卒。二〇〇二年、『ダークサイド・エンジェル紅鈴　妖の華』で、第二回ムー伝奇ノベル大賞優秀賞を受賞しデビュー。二〇〇三年、『アクセス』で第四回ホラーサスペンス大賞特別賞を受賞。『ジウ』シリーズ（全三巻）や、『ストロベリーナイト』にはじまる「姫川玲子」シリーズなど新しい警察小説の担い手として注目を集める。著書に『吉原暗黒譚』『春を嫌いになった』『疾風ガール』など。

剣道はシンプル　必殺技をつくらない

小林　剣道エリートの磯山香織さんが「ようするにチャンバラダンスなんだよ、お前の剣道は」とライバルの西荻早苗さんを酷評していますね。実際の剣道でもよくあることです。『武士道シックスティーン』は、この二人の女子高生の物語ですが、失礼ながら誉田先生は剣道経験がほとんどないとお聞きしていますが、『武士道シックスティーン』『武士道セブンティーン』『武士道エイティーン』を拝読したあと、よく剣道のことを調べられたなというのが最初の感想でした。剣道経験者にしか伝わらないかもしれない剣道描写がすごい。

誉田　ありがとうございます。

小林　そもそも『武士道シックスティーン』を執筆しようとした動機はなんだったのでしょうか。

誉田　息子が剣道をやっていまして、綾瀬の東京武道館で開催した試合を見にいったんです。息子の試合は終わってしまい、休憩所で座っていると二人の女子中学生が胴と垂れをつけたままお財布だけ持ってアイスクリームを買いにきたんです。自動販売機の前で「これがおいしい」などと楽しそうにおしゃべりをしていたんです。剣道着だから抹茶をたててお菓子をどうぞというイメージではないのですが、やはり女子中学生、アイスクリームを休憩時間に食べたいという年頃の女の子らしいところと剣道着の凛々しさのミスマッチにインパクトを受けました。それで「こういうのが絵になるのではないか」と感じました。小説が絵になるというのもおかしなたとえですけれど……。

小林　執筆をされる際、どんなことに注意されましたか。

誉田　まずは実際に剣道をされている方が不快にならないような作品を書こうと思いました。それは双方のためであって、わたし自身も剣道をされている方に「(実際は) こんなんじゃねえよ」と思われることは損です。

小林　本当によく取材されているし、剣道を正面からまじめに取り上げられていると思います。

誉田　どうしてもスポーツや武道の物語を書くときは登場人物の個性を出すために必殺技を用いることが多いのですが、とくに剣道はシンプルな競技ですから、それをしないようにしました。例外的に『武士道セブンティーン』で黒岩レナという福岡南高校の選手だけは変わった発想の女の子ですから、彼女にはひとつだけ持たせました。

小林　左上段に構え、竹刀さばきを曲線的に遣う女の子ですね。

誉田　そうです。

小林　磯山さんは警察官の娘さんという設定ですね。しかも神奈川県警察。わたしも県警につとめていましたのでたいへんうれしい設定でした。磯山さんは男まさりですね。

誉田　東京武道館で剣道着姿の女の子二人を見たときからそういう物語にしたいと思っていました。片方は徹底的に強いほうがいいだろうと考えました。それで剣道が強い女の子とは実際どんな感じなんだろうと思い、いろんな部員さんにうかがいました。ただ、剣道が強い女子高生も普段は女子高生なんですね。だから高校生らしい強さは別として、昔から剣道に対してクレイジーに、近視眼的な性格にしていくことにしました。

小林　磯山さんの愛読書が宮本武蔵の『五輪書』、心の師とあおいでいますからね。女子高生が宮本武蔵です。それだけでもおもしろい。

誉田　武士として、剣術遣いとして強いとはどういうことなんだろうと思い、素人のわたしが『五輪書』を読みました。香織の設定はこれが元になっているわけですが、ただ『五輪書』は作中でも登場人物が述べている通り、二天一流を世に伝えたいという気持ちはわかるけれども、結局行きつくところは「よくよく工夫すべし」で、一切そこに行きつくための説明はないわけです（笑）。これを読んでも強くなれないと感じました。

小林　本を読んで強くなるのなら稽古はいらないですよ。

誉田　でも、『五輪書』や『独行道』を鵜呑みにして丸ごと実践しようとしている女の子がいたらおもしろいのではと思って、頭に浮かんだのが宮本武蔵の言葉を使う香織となりました。ただひとつ注意したのが、香織はとくに乱暴な子というわけではなく、発想は少々過激ですが、硬すぎる女の子。時代劇を演じている女の子といったイメージでつくりました。

小林　ライバルとなる西荻早苗さんは対比するように女の子らしくしたんですね。

誉田　徹底的に強いキャラクターをつくったので、ライバルも同じではつまらない。かといって箸にも棒にもひっかからないキャラクターにしてしまうと物語が進まないので、違う強さを考えなければならないと思いました。そこで早苗には日本舞踊をやっていた女の子という設定にしました。

小林　タイトルの『武士道シックスティーン』、これもおもしろいですね。「武士道」という日本的なものと「シックスティーン」という西洋的なものを組み合わせると、なにか生き生きとしてきます。

誉田　最初は『武士道ガール』というタイトルにしようと思っていました。でも、わたしの過去の作品に「ガール」とつくものがありましたので、こうなりました。

全日本チャンピオンが八段に圧倒される不思議

小林　小説を執筆するにあたり、多くの剣道関係者に取材をされたと思います。率直にお聞きしますが、剣道に対し、どんな印象をお持ちになりましたか。

誉田　わたし自身、子どもの頃の剣道経験は三年くらいで、実はつらくてやめました（笑）。いまになるとやめなければよかったと思うのですが、取材をすすめていくうちに、剣道のすばらしさ、おもしろさがわかってきました。それで、いまは道具一式を買い揃え、時間を見つけては稽古をしています。それくらい剣道は魅力があると感じています。

小林　稽古も再開されたのですか。それはいいことですね。

誉田　いま、わたしがかつて通っていた道場にふたたびお世話になっているのですが、この作品で剣道を「やめようかな」と思った子が、「もう一度がんばってみようか」と思いとどまってくれたらいいと思っているんです。

小林　いまは少子化の影響もあり、剣道人口も目減りしています。せめて剣道をやっている子にはやめてほしくないんですね。ただどうしても受験等で一度剣道から離れざるを得ないのが現状です。

中学受験を終えたとき、また剣道を再開してくれるといいのですが、なかなかそこがうまくいっていないんです。

誉田 まさにうちの子どもがそうです。六年生になるのですが、中学校は剣道部のあるところに行きたいと言っています。

小林 いまは剣道部がない学校もけっこうあるんですよ。

誉田 強い剣道部に入るのもいいですが、弱いところでがんばるのもいいと思っています。とにかく続けてほしい。剣道は生涯できるものです。少年時代に一年間休んだからといって、再開しないのは本当にさびしいです。ぜひ息子には剣道をやってほしいと思います。

小林 うちの孫もある私立中学に通っているのですが、楽しみながら剣道を続けています。試合に出てもなかなか勝つことができませんが、それでも続けてくれています。わたしも強くありませんでしたが、子どもの頃はそれでいいような気がします。

誉田 剣道は運動神経がよいだけでは伸びないものがあると思います。それと関連するのですが、寺本将司選手のドキュメンタリー番組で、八段の先生に彼がぐいぐい攻め込まれていましたよね。ただ驚くばかりでしたが、剣道にはそういう力では解決できない要素がありますね。

小林 稽古ではそうなりますね。上手の先生方の見えない力があるんです。わたしも若いときに経験していますが、圧迫されてしまいます。

誉田 なぜなのでしょうか。

小林 気でしょうか……。スピードや筋力は加齢とともに落ちていきますが、気は衰えません。寺

本君はいまの日本ではトップの力を持っていますが、稽古では押されてしまいます。

誉田　素人考えですけれど、日本のトップの寺本さんを壁際まで追い込んでしまう先生に世界大会に出ていただくわけにはいかないのでしょうか……（笑）。

小林　たしかにそういう質問をよく受けます。「そんなに強いのなら試合に出ればよいと……」。ただ、試合となるとちょっと違うんですよ。先生の小説のなかにも磯山さんが「チャンバラダンス」と西荻さんの剣道を非難していますよね。そのあたりが剣道のわかりづらいところではあるのですが……。

誉田　そうですね、わかりづらいです。

小林　ただ、相手の心まで響く打突をめざそうと思うと、力や筋力ではない相手との心のやりとりが重要となるんです。そういう質の高い一本を求めることができるところにも剣道の魅力があると思うのです。

誉田　剣道が武道であるゆえんですね。スポーツの場合、審判に反則といわれなければなにをしてもよいという風潮がありますよね。例を挙げて申し訳ないのですが、サッカーなどはフリーキックの場面で相手と押し合ったり、シャツを引っ張り合ったりしています。「つかまらなければいいじゃん」という考え方です。剣道はそういうことはないですよね。ルールはあるけれど反則すれすれの行為を意図的にすることはない。それが武士道精神であり、そういうものが剣道人をつくっているように思うのです。

小林　確かにそれはありますね。バスケットボールやサッカーはどんな体勢でシュートを打ってもゴールに入れれば一点です。剣道の場合、一本（有効打突）は「充実した気勢、適正な姿勢をもって、竹刀の打突部で打突部位を刃筋正しく打突する」という規定があり、サッカーやバスケットでいうならば、ゴールの入れ方を定めています。

剣道は一本がわかりにくい　工夫がほしいテレビ中継

小林　剣道はいいものではあると思うのですが、それはやっているからこそ、続けているからこそわかることであり、剣道をしていない人には伝わりにくいものです。

誉田　一本がまずわかりにくいからですよね。有名な格闘技イベントにK―1がありますが、必ず解説時に「K―1ルールでは……」と最初に説明をしますね。見ていてあんなにわかりやすい競技でさえきちんとルールを説明しています。剣道大会でも最初に面が一本になるとき、小手が一本になるときを、名場面の映像を流しながら説明すると剣道経験のない視聴者にもわかるようになるのではないでしょうか。

小林　確かにそれはいいアイディアですね。これが面です、という映像があるとイメージしやすい。

誉田　剣道も見慣れればわかると思うんです。また K―1 の話で恐縮ですが、勝敗が決まる場面をくり返し流しますよね。それを何度も見ていると、視聴者は「こういうことがあるんだ」とイメージにすり込まれていきます。そういう映像を何度も見せると、視聴者はそれを期待するようになります。剣道でも見事な一本を流し続けていればもっともっと視聴者が増えると思います。試合そのものに魅力があるのですから……。

小林　おっしゃるとおりですね。

誉田　あと稽古着に関してですが、茶系とかは許されないですかね。全日本選手権大会でもそうですが、全員同じ色の稽古着ですよね。もう少しバラエティーがあると見た目はよくなると思いました。

小林　子どもの稽古着はカラフルなものが出てきていますね。ただ段位が上がっていくにつれて紺色の稽古着をつけるようになりますね。東京大学や皇宮警察では伝統的に白稽古着をつけますが、あとは紺ですね。剣道具に関してはかなり派手なものもあるんですよ。侍の鎧ですから、晴れの舞台に出るときは派手でもいいと思います。

誉田　たとえば寺本さんであれば胴はこの色みたいなものがあると、見ているほうもわかりやすくなると思います。

小林　それこそカラーが出ますね。いまは画一的すぎておもしろみに欠けるところがあります。

誉田　稽古着の話ですが、先日、中学・高校の剣道部の顧問の方の研修会にお招きいただいて話をさせていただきました。道場に入ると、一〇〇人を超える先生方がもう座っておられ、全員紺の稽古着です。その威圧感がすごくて、稽古着にバラエティーをという話をするのをやめてしまいました（笑）。

小林　ある意味、独特の世界がありますからね。ところで先生は、原稿を書かれるときは、一日どれくらいの作業をされるのでしょうか。

誉田　原稿を書くのは、わたしはだいたい一日二十枚くらいです。一冊、五百枚前後なので、単純に考えると二十五日で完成することになりますが、実際は二ヶ月から三ヶ月くらいかかっています。ほかにもミステリーなども書いているので、一冊につき三ヶ月から四ヶ月かけていることになります。

小林　資料収集や取材などの時間もかかりますね。続編も同じくらいの期間で書かれたのですか。

誉田　三冊目の『武士道エイティーン』は短編もある形式で、インターネットで先に配信するというスタイルでした。だから完成まで他の二冊より長かったです。

小林　そうだったのですか。

誉田　そうだ、『武士道セブンティーン』から早苗は福岡南高校に転校するのですが、その学校は相手の打突を避ける練習をしたり、査定試合をして優劣を決めるなど特殊な学校です。大宰府にあることから取材でお世話になった筑紫台高校がモデルと誤解されているのですが、すべてわたしの創作です。この場を借りて、きちんと申し上げておきます。

小林　少し土地勘のある人間だとそう思いますよね。でも、そのような心配は杞憂だと思いますよ。

主役の二人も本気で稽古　映画『武士道シックスティーン』

小林　四月に映画『武士道シックスティーン』が公開されます。わたしも試写会に行きました。高校剣道が舞台ではありますが、テーマが深いですね。「武道とはなにか?」「勝つこととはなにか?負けることとはなにか?」「剣道は武道なのか、スポーツなのか」など、われわれ剣道人が真剣に考えるべきテーマも盛り込まれています。

誉田　ありがとうございます。

小林　キャストも豪華なメンバーですね。成海璃子さん、北乃きいさんという十代のトップ女優さんを起用し、話題性も豊富です。

誉田　彼女たちは剣道経験がありません。スタッフも未経験です。剣道経験者の方から見たら「違う」という部分もあるとは思いますが、見終わったあと、主演女優さんの剣道着姿にまったく違和感がありませんでした。もちろん竹刀さばきや体さばきといった部分ではなかなか難しいものがあったと思いましたが、たいへん気持ちのよい作品になったと思います。

小林　ずいぶん稽古にも取り組まれたそうですね。

誉田　そのようですね。家や事務所でも練習をしていたと聞いています。普段だったらほかに費やせる時間を、女優さんたちはわざわざ剣道の稽古に時間を費やしてがんばったのですから、そのがんばりが作品に表れたのだと思います。

小林　なるほど。

誉田　剣道の場合、面がありますよね。面をつけて顔を撮るのが非常に難しいらしいですね。ちょっとした角度で面金が黒目にかかってしまい、かかってしまうと映像に迫力がなくなってしまいます。

小林　剣道がテレビで放映されにくいのは、面金で顔の表情が撮りにくいからです。相当な苦労があったのでしょう。

誉田　マンガであればそのあたりは半分、面金を半分消して顔を描くことができますが、映画ではそうはいきません。CGで調整を試みたりもしたようですが、結局、まじめにアナログに撮影したことがよかったそうです。

小林　剣道関係者としても、この映画は本当に期待しています。やはりドラマや映画の影響力は大きいですからね。この映画を見て剣道をやる子ども、映画を見て剣道をもっとがんばろうと思う子どもが増えることを願っています。ありがとうございました。

（平成二十二年二月二十二日）

はらわたから汗が出る稽古
まぼろしの流儀肥後雲弘流

◆対談のお相手——

井上弘道

いのうえ・ひろみち／昭和二十三年熊本県生まれ。雲弘流十八代宗家井上馱より剣術の手ほどきを受け、十九代宗家となる。現在、熊本県古武道会副会長、熊本県古武道会常任理事。

表六本裏六本　相討合体の精神

小林　わたしも出身が熊本です。高校時代は振武館で稽古をしたこともありました。熊本市中心部の一角にあった道場です。高校卒業後、神奈川に来たのですが、故郷熊本に雲弘流というすばらしい流派が残っていたのは知りませんでした。同県人としてうれしい限りです。雲弘流もふくめ熊本は古武道がさかんです。

井上　現在、熊本の古武道会は野田派二天一流、タイ捨流など二十一流派が所属しています。

小林　県単位で古武道会を維持できるのはすごいことです。雲弘流が東京で演武されるのはしばらくぶりのことだそうですね。日本古武道演武大会の出場は兵庫、熊本に続いて三回目ですね。

井上　東京での演武は昭和五年の明治神宮以来と聞いています。

小林　そんなにですか。

井上　親父（第十八代宗家井上駄《すすむ》）は昭和十五年の東亜武道大会に出場しているようです。大会プログラムによると五月十八日、十九日、小石川府学運動場で開催しています。（プログラムを見せながら）これです。このときは剣道だけだったと思います。

小林　戦後、剣道界の大家となられ、もう鬼籍に入られている先生方が会場役員などをしていますね。歴史を感じます。

井上　そうですね。

小林　井上先生の演武を拝見しました。腰が入っていて、まさに剣術という印象を持ちました。雲弘流は「相討合体」を剣の精神とされているそうですね。

井上　自分の生命をまっとうして人を斬ろうと思うことは卑劣の心と教えています。相討ちして死ぬのが天理の本分としています。

小林　演武は終始無声ですね。淡々と演武される姿にすごみを感じます。

井上　ひとたび太刀を執って敵に向かったら「前後を見ず左右を云はず、必死決定なる一念一気に振り立て踏み込む」ことを旨として、いたずらに技のかけひきをすることをしません。掛け声によって威嚇することさえ卑怯なふるまいとしています。

小林　現代剣道は掛け声を発することからはじまりますからね。ずいぶんと違いますね。形はすべて無駄をそぎ落とし、ものすごくシンプルという印象を受けました。無用なものがない分、単刀直入で迫力があります。

井上　それが雲弘流の特徴です。武術はもともと技術論でぐいぐい相手を倒していくものと、心法から入っていくものの二つがあると思います。雲弘流は心法から入っていると考えています。

小林　なるほど。

井上　現代剣道も同じだと思いますが、相手を倒してやろうと思うと、恐怖感が起きてくるものです。雲弘流ではそれを戒めるために心の持ち方から修行に入ったと考えています。それで相討合体という考えにいたったと思うのですが、そのために思わず、求めず、願わず、とらわれず、ただ自然のままに相討でいく。勝ちもなければ負けもない、幸せもなければ不幸もない。ただ心のなすがままにいく。そのような心構えで臨めば心が開けますということなのでしょう。

小林　非常に次元の高い教えですね。剣道も無心になることを教えていますが、なかなかできるものではありません。

井上　声もない、色もない、香りもない、明かりもない、決まりごともない。そういうなかで進んでいけということですね。

小林　剣道も打とうと思うと打てないですからね。かえって打たれます。そういう気持ちが大切です。剣道では「初太刀一本が大事」と教えていますが、そういった精神は雲弘流などの影響を受けているのかもしれないですね。

井上　親父いわく、構えて剣先をパッパッと動かすのは駄目と……。袖振り剣法ではない、品川沖のハゼ釣剣法と厳しく戒めていました。

小林　わたしも竹刀を極力動かさないようにしています。竹刀を真剣と思えば当然、そうなると思うのです。わたしが神奈川県警で剣道を教わった中村太郎先生（全日本選手権優勝二回）も絶対に竹刀を動かしませんでした。中村先生の剣道にあこがれたものです。

井上　腕が立つほど一撃でしとめるという気持ちになるのでしょうね。

小林　真剣であれば簡単には動けません。その感覚はとくに大事にしたいと考えています。若い人は別としてある程度、年齢を重ねてきたらそのあたりを勉強するべきではないかと……。真剣勝負は先に動いたほうが負けます。

猛烈剣術稽古　片膝立てて食事をした井上馱

小林　井上先生が雲弘流の手ほどきを受けたのは父であり、十八代宗家の井上馱先生ですね。

井上　はい。井上家が雲弘流の宗家になったのは十七代井上平太のときで、平太はわたしの曽祖父です。嘉永元年（一八四八年）の生まれで、昭和八年（一九三三年）の八十五歳まで生きました。親父は祖父にあたる平太から剣の手ほどきを受けています。親父も明治三十四年から昭和六十三年、やはり八十五歳まで生きています。

小林　長命の家系なんですね。

井上　その代わり、わたしの祖父、つまり親父の親父は短命で、親父を残して早く死んだものですから、親父は曽祖父を父親代わり、また祖母も父親のように接して親父を育てたそうです。

小林　剣術家ですからね。

井上　祖母は明治十年（一八七七年）生まれで、昭和三十二年（一九五七年）まで生きましたので、わたしが十二歳の頃まで生きていました。幕末の人間が昭和八年まで生き、幕末の人間に育てられた祖母が、高度成長期まで生きていたのです。親父は、そのような曽祖父から鍛えられたわけです。曽祖父は、雲弘流剣術ばかりでなく細川藩に伝わる武田流弓馬術も継承し、伯耆流居合術にも堪能という武芸者でしたので、剣術だけでなくさまざまな武術を仕込まれました。

小林　剣術だけではないわけですね。

井上 馬術の稽古をしたあとはトイレに入ってもしゃがむことができないので両手両足に下駄をはいて、這いながら用をたしたそうです。

小林 わたしも猛稽古の経験はありますが、両手両足に下駄をはいて……という経験はないですね。ただ、剣道特練員のとき、元立ち稽古というのがありまして、四時間から五時間ほどずっと元に立つ稽古がありました。とにかくすごい稽古だったのですが、当然、体力の限界とともにだんだんと弱っていきます。痙攣《けいれん》をおこした人がたくさんいました。わたしは竹刀を強く握りすぎていたためか指の先が鬱血《うっけつ》状態になり、ついには両手の親指以外の八本の爪が抜け落ちた経験があります。

井上 それは過酷ですね。親父は食事をするにも箸をうまく扱えないので、片膝立てて壁によりかかり、握り飯にして食べたそうです。

小林 疲労困憊だとなにもできませんね。わたしも元立ち稽古のあと、宿舎に戻るのに苦労しました。道場から旅館まではわずか五百メートルくらいしかないのですが、元に立ったあとは三回くらい休憩しないと歩いていけないんです。

井上 精神的にも肉体的にも限界まで鍛え上げられたという感じですね。

小林 まあ、そうなるかもしれませんが、お父様の修行から比べると足元にも及びません。

井上 親父はこんなことも言っていました。稽古をするときは「はらわたが汗をかかなければ駄目」とです。

小林 はらわたが汗をかく……。どんな状態でしょう。

井上 命をかけた稽古をせよ、ということだと思うのですが……。幕末生まれの人間に剣の手ほどきを受けているので、その考え方が根底にあったのでしょう。

小林　お父様は戦前、各種大会に出場されていたようですね。熊本で修行をされながら、中央でも名の通った剣道家だったと聞きました。

井上　そのようですね。ただ、戦後はあえて剣道界と接触を断ったようです。

小林　なぜでしょう。

井上　雲弘流がかかげる修業の大事は「第一に勝気を離れ負けを楽しみ専ら打たれて修業すべし」ということでしたので、競技剣道として再出発した剣道とは合わなかったのかもしれません。

小林　なるほど。

井上　わたしが八歳か九歳くらいのとき、戦前の残党の方たちが数人、うちに集まって稽古をしていました。祖母の横に座らされ、稽古を見学したのですが、面を打ったり、小手を打ったりしている姿をよく覚えています。その打突の強さといったらいまの剣道の比ではない。まさに斬る剣道でした。いまの剣道とはまったく違っていました。

小林　わたしが若い頃といまでも内容が違っていますからね。

井上　そのような剣道でしたので、戦後は剣道界に戻ることをしなかったのかもしれません。

小林　現代剣道は、刀の観念で剣道をすることが求められていますが、実際に刀を使っていた人から剣道を習っていたわけですから、まったく違ったものになっていたのでしょうね。

十七代宗家井上平太　中山博道を震撼させた居合

小林　井上先生の曽祖父にあたる井上平太十七代宗家は幕末の生まれ。平成の世にあっては歴史上の人物でありますが、昭和八年まで生きていらっしゃいます。

井上　くり返しになりますが、嘉永元年ですからね。弓術は日置流、馬術は大坪流を学んでいます。第一回長州征伐（元治元年・一八六四年）のとき、曽祖父は十六歳で野砲隊隊長の父とともに、副隊長として出陣しています。砲術も学んでおり、函三流でした。

小林　生き抜く術としてあらゆる武術を学んでいたのですね。

井上　幕末、新撰組を斬ったという話も残っています。

小林　そうなんですか。あの新撰組をですね。

井上　京都御所の警備にあたっているとき、そのようなことがあったそうです。

小林　いまの時代からではちょっと想像することが難しいですね。剣術を続ける理由もまったく違っていたことでしょうしね。

井上　ある年の大日本武徳祭大演武会で、あの中山博道先生が上段から巻き藁を斬ったそうです。そのとき曽祖父は「待った」をかけ、「中山さん中山さん、居合ていうもんはもともとこぎゃんもんですばい」というなり、抜き打ちに片手で巻き藁を斬り、一瞬のうちに刀身を鞘に納めたそうです。

小林　すごい話ですね。中山先生といえば名人中の名人です。素面素小手で立合をされたという話も残っているそうですが……。

井上　大正十年五月の大日本武徳祭演武大会高齢者の部のことですね。親父をつれて京都にのぼっていたそうです。余談ですが、親父は九歳のときから武徳祭につれていかれ、演武大会少年の部に出場していました。短い木綿袴を着け、腰に替えの杉下駄一足を吊るした曽祖父が孫をともなって武徳祭に参加する姿は、わりと有名だったそうです。

小林　目立つでしょうね。

井上　素面素小手の立合ですが、お相手は神戸の神道無念流の坂部小郎という方でした。検証をつとめたのは中山博道先生だったそうです。このとき、曽祖父は竹刀を右肩、八相に構えています。

小林　雲弘流の構えですね。

井上　そうです。

小林　いまの武徳祭では信じられないことですが、八相に構える方が当時いたのですね。

井上　曽祖父は最後まで自分の流儀を守り通そうとしたのでしょう。親父も頑固でしたが、曽祖父も相当頑固だったようですね。

小林　立合では雲弘流の形を応用させたということになるのでしょうか。

井上　そうなると思います。雲弘流剣術に伝わる長剣の形は「組方」といい、十二本ですが、柳陰剣から離心刀までの六本を「表」、象水月から払当剣までの六本を「裏」としています。いずれの太刀においても、打太刀・仕太刀ともに八相の構えから進んでいますから、曽祖父にとって構えといえば、八相だったのでしょう。

小林　当時の稽古はどのようなものだったのでしょう。とにかく斬るということを意識していたことは伝わってまいりましたが……。

井上　戦前、富永堅吾という人が「肥後藩における雲弘流」という文章を残していて、明治大学の長尾進先生が次のように要約しています。

——面は袋竹刀用の面で、別に長方形の布団を頭に乗せ、その一部を面で押さえるようにして着ける。小手は右と左で違い、右小手は小さいが左小手は厚みがあり長く、肘まで囲う様にできている。これは左肘が相手の面に当たったり、竹刀で打たれることが多いことによる。但し、指を一本ずつ入れる構造は左右同じである。竹刀は袋竹刀であるが、他流における袋竹刀との違いは、直径が大きいことと中の割竹の本数が多く、十四・十五本の割竹が入っていることである。短刀の袋竹刀もあり、長さは六寸五分である。両肘を側方に張って竹刀を右肩に担ぐ構えで、切先の高くない一種の八相が唯一の構えで、双方ともに十分な気勢をもって走りかかって正面を打つ、という全くの一本打ちを繰り返す。子供や初心者は、お互い同士ではやらせない。先生か、またはよくできる者に懸からせる。先生に懸かって外された場合にのみ、立ち直って打ち込むことが許される。

小林　十分な気勢をもって走りかかって正面を打つのみです。気力を錬ることを第一にしていたようですね。

剣術は一子相伝　変えてよいこといけないこと

小林　雲弘流はお父様が剣道界から離れたあと、命脈が絶たれたと信じられていたそうですね。

井上　そのようですね。別に隠していたわけではないのですが……。平成三年、熊本市で第四回熊本県古武道演武大会があり、ここで演武したのが公の場では五十年ぶりのことでした。

小林　現在はどちらで稽古をされているのでしょうか。

井上　自宅の敷地に稽古場所をつくっています。雲弘流はもともと家屋を建てて道場とする習慣がないので、空き地を踏みならして道場としています。

小林　いま雲弘流を学んでおられるのは先生と息子さんだけですか。

井上　以前は何人かいたのですが、息子ともう一人います。

小林　息子さんは剣道もされているのですか。

井上　はい。いま五段です。

小林　剣道にもよい影響があるでしょうね。「剣道に行き詰まったら古流をやれ」とすすめる先生もいるくらいです。流派によっては広く門弟を集めて伝えていくやり方もありますが、雲弘流はそのようなやり方はとっていませんね。

井上　宗家が井上家に移って百年くらい経ちます。雲弘流は細川藩の時習館で採用され、代々の殿様は外出するとき、必ず雲弘流の使い手を最低でも二人から三人はつれていったそうです。それほど雲弘流を信頼してくださったと思うのですが、わたしはそれを誇りとしています。広く門弟を集め、伝えていく方法もあると思うのですが、それでは伝えきれないので、とくに門弟を集めるようなことはしていません。

小林　ということはもう一人の門弟の方は飛び込みですか。

井上　そうです。熊本の古武道大会を見て、どうしても雲弘流を学びたいということで、福岡の大宰府から通っています。

小林　初心者にはどのような手順で教えていくのですか。

井上　最初はやはり素振りからですね。それから形六本を教え、興味を持たせるようにしています。

小林　お父様もそのように教えたのでしょうか。

井上　いえ、親父は一本ずつ完璧にしながら本数を増やしていきました。

小林　なるほど。教え方はそれぞれなんですね。ただ、変えていいことと変えてはいけないことがありますね。

井上　そうです。雲弘流は三百年近く続いている流派ですから、わたしが首をかしげるような事柄でも、それが教えですから絶対に変えてはいけないと思うのです。なにかあると信じて稽古を続け、理解していくものだと思います。伝えられたものを崩さない。それを第一としています。

小林　勝手に解釈を変えてはいけない。

井上　変えてしまうと違う流派になってしまうからですね。

小林　井上先生には照貴さんという立派な後継者がおられます。

井上　ありがとうございます。親父はただ形をなぞるのではなく、心の持ち方を晩年は厳しく言っていました。「打つぞ」「刺すぞ」など抜き差しならない状況をつくり、それこそ真剣味をもって稽古をする。

小林　それが「はらわたから汗がにじみ出る稽古」になるわけですね。ありがとうございました。

（平成二十二年二月六日）

あとがき

本書は月刊『剣道時代』において連載中の「卒爾ながら…」の二十二回分の原稿を一冊にまとめたものです。本連載はおかげさまで五年以上続くロング連載となり、現在もなお連載を続けさせていただいています。

本連載は私と小林伸郎編集長、笹井孝祐カメラマンの三名でゲストの先生方を尋ね、お話をうかがっていくものです。お話をうかがうたびに新しい発見があり、私自身、とても勉強になっています。

記念すべき第一回は倉澤照彦先生でした。倉澤先生には「剣道の品格」をテーマにお話をうかがいました。倉澤先生は神奈川県剣道連盟の会長をつとめられた私にとってはたいへんお世話になっている先生です。卒寿を迎えた現在も防具をつけ、道場に立たれていますが、八段取得からの修行談は、現在、私が求めていかなければならない課題であり、身の引き締まる思いでお話をうかがいました。

また今回、掲載させていただいた二十二名のうち、残念ながら剣道具職人の鈴木謙仲さんが鬼籍に入られてしまいました。鈴木親方には武道具店でお話をうかがったのですが、よい武道具をつくるために一生を捧げている職人としての強い覚悟を感じました。取材中、ときおり満面の笑みを浮かべ、お話をしてくださった表情が今でも忘れられません。鈴木親方のご冥福をお祈り申し上げます。

本書をまとめるにあたっては多くの協力やご助言をいただきました。出版にあたっては「卒爾ながら…」の連載開始以来、ずっとお世話になっている剣道時代編集長の小林伸郎氏、撮影を担当している笹井孝祐カメラマンに深く感謝を申し上げます。また本書の発刊にご尽力いただいた体育とスポーツ出版社の橋本雄一社長に厚く御礼を申し上げ、あとがきといたします。

小林英雄

平成二十六年三月一日

小林英雄
こばやし・ひでお／昭和17年熊本県生まれ。鎮西高校卒業後、神奈川県警察に奉職。全日本選手権大会出場、国体優勝、明治村剣道大会、全日本東西対抗出場など。第12回世界剣道選手権大会男子日本代表監督。現在、神奈川県警察名誉師範、神奈川県剣道連盟会長、東京大学剣道部主席師範。剣道範士八段。

心《こころ》を耕《たがや》す剣道《けんどう》　小林英雄《こばやしひでお》対談集《たいだんしゅう》

平成26年4月30日　第1版第1刷発行

著　　者　小林英雄
発 行 者　橋本雄一
組　　版　株式会社石山組版所
撮　　影　笹井孝祐
編　　集　株式会社小林事務所
発 行 所　株式会社体育とスポーツ出版社
〒101-0054　東京都千代田区神田錦町1-13 宝栄錦町ビル3F
TEL 03-3291-0911
FAX 03-3293-7750
http://www.taiiku-sports.co.jp
印 刷 所　図書印刷株式会社

ISBN978-4-88458-272-2　C3075 Printed in Japan